Die Lupinenfelder im Krakautal tanzen im Wind, im Vulkanland trinkt man indes den ersten Wein, der vielleicht sogar im Vulkangestein gereift ist und irgendwo dazwischen wird im Grazer Gaumenkino nach einem Rezept gefragt, das sogar die Schwiegermutter beeindruckt. Die Steiermark überwältigt selbst einheimische Augen immer wieder aufs Neue. Als grünes Herz Österreichs bekannt, wird und wurde das Steirerland oft nur mit einigen wenigen Dingen in Verbindung gebracht. Doch vom lederhosentragenden Bad Aussee bis hinunter in die feuchten Mur-Auen leben hier ganz viele besondere Persönlichkeiten, die tief ins grüne Mark gehen. Der »Eat Hike Live«-Leser wird sie noch kennen und lieben lernen.

Wie auch schon in unserem ersten gemeinsamen Buch, dem 2013 erschienenen Cornwall Reisebuch »Eat Surf Live«, wollen wir im Steiermark Reisebuch ade sagen zu herkömmlichen Reiseführerkonzepten, wie Hotel-, Restaurant- und Wanderroutenauflistungen und die Individualität, die vielen Reisenden so wichtig ist, hochleben lassen. Da die Steiermark um einiges größer ist als unser erstes Reisebuchland, Cornwall, war die Auswahl der Themen nicht gerade einfach und die Seitenanzahl wurde gleich einmal von 276 auf 312 angehoben. Wir hoffen, dass für jeden Wanderbegeisterten, Radlfahrer, Klettermaxi, Genussmenschen, Kaffeetrinker und Wein-Aficionado was dabei ist. Zusätzlich zu unseren ohnehin schon hohen Ansprüchen war da auch noch der klitzekleine Fakt, dass wir beide in der Steiermark geboren wurden, die eine zwischen Apfelbäumen, die andere zwischen den Weinreben. Somit haben wir jeweils unzählige Familienmitglieder, Freunde und Verwandte, die einen Lieblingsbuschenschank, ein bestes Restaurant und ein verdammt cooles Café kennen, das sie uns nur wärmstens empfehlen können.

Das hat die Auswahl nicht immer leicht gemacht. Außerdem kann man ja oft das, was man immer hat, nicht ganz so schätzen, wie das, was in der Ferne passiert. Doch wir haben all unseren Mut zusammengenommen und mit unseren Steiermark-Gehirnen eine Art »tabula rasa« gemacht, um alles mit frischen Augen zu sehen und so ein noch nie dagewesenes Steiermark-Buch abzuliefern.

Jeder Ort, von dem ihr hier lesen werdet, wurde von uns auch besucht und erlebt. Das ist die Essenz der Reisebuchreihe aus dem frisch gegründeten Hause »Eat Write Live«.

Wir wünschen viel Freude bei der Lektüre und der Reise durch die Steiermark!

Katharina Maria Zimmermann & Vera Bachernegg

INHALT

Kapitel 3: Graz und der Westen

Kapitel 4: Murtal

Kapitel 5: Die Berge

VERA BACHERNEGG

Als ich klein war, war ich viel draußen in der steirischen Natur unterwegs. Auf Bäume zu klettern und beim Bach Dämme zu bauen, das waren die wahren Abenteuer. Ich erinnere mich auch gern an den zugefrorenen, kleinen Teich meines Opas und die verschneiten Hänge bei uns zuhause. Diese Orte waren die Zentren meines Universums und Eislaufen und Schlittenfahren mit meinem Bruder und meinen Cousinen & Cousins das überhaupt Beste auf der Welt.

Meine Steiermark schmeckt nach Käferbohnensalat mit Kernöl und auch ganz gern mal nach einer echten Brettljause. Sie schmeckt nach den gebackenen Holunderblüten von der Mama und nach dem Brathendl von der Oma. Sie riecht nach dem Holz, das der Papa für den Winter einlagert und sie fühlt sich nach Barfußlaufen an.
Die Steiermark ist Heimat. Von hier strecke ich meine Fühler aus und schaue mir an, was es sonst so gibt auf der Welt. Neugierig blicke ich in die Ferne und erlebe immer wieder gern das Fremde. Aber es war höchste Eisenbahn, die Heimat noch besser kennenzulernen – abseits vom Alltags-Tunnelblick. Das Projekt »Eat Hike Live« war ein sehr guter Anlass dafür.

So habe ich die Augen weit aufgemacht und mir die Steiermark über ein Jahr lang ganz genau angeschaut. Das Farbenspiel der Landschaft von Frühling bis Winter, es fasziniert mich heute mehr denn je.

Ich habe die Stimmungen eingeatmet wie frische Bergluft: beim Kastanienbraten im Herbst, in der Stille vor Weihnachten, im aufblühenden Frühjahr sowie im aufgeheizten Sommer-Blues. Ich habe viel erfahren von den alten Traditionen und dem Neuen, das auf steirischem Boden entsteht.

Ich kann nur dazu einladen: Seht selbst!

Katharina Maria Zimmermann

Daheim. Dahoam. Das ist mein Kater Leopold. Der Geschmack von Walderdbeeren. Die Freiheit einer Hängematte. Oder das Gefühl, wenn man beim Schnapsen einen 20er ansagen kann. Ich komme von dem Ort, an dem man eine Mischung bestellt, keinen Spritzer und schon gar keine Schorle. Bei uns trieft der Salat vor dunkelgrünem Kernöl.* Meine Steiermark schmeckt nach Hollersaft, riecht nach frisch gemähtem Gras und fühlt sich manchmal an wie Feinstaub.

Ich erinnere mich an die weiß getünchte Küche meiner Uroma und ihre Lade mit Staubzucker, aus der ich manchmal kosten durfte. Außerdem ist da der Duft von frisch gebratenen Maroni – der Sturm und der Tag danach kamen erst viel später in das Memory meiner Erinnerungen. Als Kind geht man gerne Schwammerlsuchen im Wald und manchmal wird man auch fündig. Wahrscheinlich auch, weil man dem Boden näher ist. Und schmeckt Himbeer-Zitrone-Saft nicht am allerbesten auf der Alm? Erst viel später wurde mir bewusst, dass die Kuhtränke nicht mein persönlicher, steinerner Swimming Pool war.

Doch dann war ich auch schon das erste Mal am Meer, und das gibt es bekanntlich in der Steiermark nicht. Nur Seen gibt's. Im Süden sind sie tendenziell eher angelegt zum Baden oder Fischen. Im Norden, wo die Berge wohnen, können sie die Spiegel deiner Seele sein, wenn du nur lange genug reinschaust. Wunderbar ist hierfür die Steirische Krakau. Aber damit ich Orte wie diesen kennenlernen durfte, musste ich erst eine Mission haben. Diese Mission. »Eat Hike Live«. Und was dabei herausgekommen ist, das lest ihr hier.

*Und trotzdem muss ich zugeben, dass ich, als wahrscheinlich einzige Steirerin, keines mag.

STEIRISCHES VON A-Z

WIE TICKEN DIE STEIRER? WAS MÖGEN SIE? UND WAS GAR NICHT? DAS STEIERMARK ABC GIBT AUFSCHLUSS ÜBER WICHTIGKEITEN UND NICHTIGKEITEN IN DER GRÜNEN MARK.

A wie Apfel
Right – in der Steiermark gibt es ein eigenes Apfelland. In Anger soll sogar schon eine Sauna in Form eines Apfels gesichtet worden sein und in Puch steht ein riesiger Bogen aus Lärchenholz als Tor zum Apfelland. Steirer mögen ihren »apple a day« und Apfelsaft sowieso. Wunderbar schmecken natürlich die alten, typischen Sorten wie Gravensteiner, Kronprinz Rudolf oder der Zigeunerapfel.

B wie Buschenschank
Was täte ein Steirer ohne seinen Lieblingsbuschenschank? Hier trifft man Freunde, isst seine Jause und trinkt Mischung. Kurz: Der Buschenschank ist ein Ort, an dem man so richtige Qualitätszeit verbringen kann. Eine Auflage für diese Gastronomiebetriebe ist es, nur kalte Speisen zu servieren, auch Kaffee gibt's keinen. Mehr dazu auf S. 20.

C wie Cat-Love
Auf jedem Hof, in fast jedem Haus: Katzen finden sich in der Steiermark in Hülle und Fülle. Mal freundlich, mal weniger, erhellen sie das Gemüt und machen die Reise um eine Anekdote reicher.

D wie Dirndl

Die in Aussee wissen, was Tracht heißt. Und der Rest der Steiermark ist gerade dabei, ein ausgeprägtes Bewusstsein für Dirndl und Lederhosen zu entwickeln. Über die letzten Jahre wurde Tracht echt wieder schick und man sieht das Dirndl nicht nur in diversen Gasthäusern, sondern auch bei Hochzeiten, Sponsionen und anderen großen und kleinen Feiern. Merke: Nichts kleidet ein richtiges Dirndl so vorteilhaft wie ebensolches.

E wie Erzherzog Johann

Der große Modernisierer und passionierte Lodenrockträger Erzherzog Johann liebte die Steiermark im wahrsten Sinne des Wortes. Er modernisierte so einiges, darunter die Industrie, die Landwirtschaft und die Eisenbahn. Zusätzlich legte er auch den Grundstein für Bibliothek, Museum etc. Ein wichtiger Mann, der einem auf den Reisen durchs Land immer wieder begegnet.

F wie Fleischtiger

Die Steirer lieben Fleisch. Natürlich gibt es auch Vegetarier und Veganer hier. Wenn man allerdings wirklich in die Kulinarik eintauchen will, dann gehören Hauswürstel, Geselchtes, Vulcano-Schinken, Almo-Steaks und Konsorten einfach auf die »To-Eat-List«.

G wie Grün

Die Steiermark heißt nicht umsonst die »Grüne Mark«. Hier ist »grün« Programm. Nicht nur im Herz des Steiermark Tourismus, sondern auch wenn man durch die Gegend streift: Wälder, Wiesen, Felder. Alles grün.

H wie Hüttengaudi

Auch zu finden unter »Après Ski«. Wer sich nach oder zwischen den Abfahrten im feschen Skianzug und den Boots einen Schnaps gönnt, dabei schwindlige Schlager hört und rote Wangerl bekommt, der weiß, was er unter diesem schönen »H«-Begriff zu verstehen hat.

I wie »I«

Die Steirer machen sich's in ihrer Sprache einfach, darum sagen sie statt ich »i«. Aber auch andere Dialektwörter sollte man verstehen. »Es schmeckt« für »es riecht« ist wohl das Verwirrendste für einen Besucher aus Deutschland.

J wie Jause

Frühstück, Mittagessen und was ist am Nachmittag? Da gibt's in der Steiermark keine »Tea-Time«, sondern da wird gejausnet. Im Idealfall eine Brettljause im Buschenschank um die Ecke. Ansonsten tut's auch ein gutes Bauernbrot mit Wurst und Käse zuhause.

M wie Mundharmonika

Neben Hackbrett, Maultrommel, Steirischer Harmonika und Juchzen ein wichtiges Element in der Volksmusikwelt, die vom Ausnüchterungsjodeln am 2. Jänner bis zur Ramsauer Kreuzpolka reicht. Die Musizierenden trifft man in Graz beim Bauernbundball oder dem Aufsteirern, am Land auf einem der vielen Volksfeste.

K wie Kuhmilch

Auf die Spitze wird die Sache mit der frischen Kuhmilch eindeutig im Kuhcafé in Birkfeld getrieben. Da kann man den Kühen nämlich sogar live beim Milchgeben zusehen. Aber auch in »Urlaub-am-Bauernhof«-Betrieben oder einfach auf der Alm bekommt man die gute Milch.

L wie Loden

Gewalkte Wolle hält nicht nur in dunklen Steirernächten warm, sondern sieht auch gut aus. Nicht umsonst setzt man in ganz Europa – bis zu den Samen von Finnland hinauf – auf Lodenstoff. Trachtig, aber auch modern wird er bei »Leichtfried Loden« in Möbersdorf oder aber auch in der »Lodenwalke« in Ramsau interpretiert.

N wie »Na schau ma mal«

Wer es noch nicht gewusst hat, der Österreicher legt sich nicht gern fest. Zum ausgesprochenen Standard-Repertoire gehören also »ja, vielleicht«, »wird ma dann eh sehn« und »da red ma noch einmal«. Trotz dieser zwar sympathischen, aber alles nach hinten verzögernden Grundeinstellung, funktioniert in Österreich das Rundherum eigentlich sehr gut und das Leben wirkt sehr organisiert. Wir leben hier, wir wissen das.

O wie Ortsnamen

Ab 1. Jänner 2015 ist in der Steiermark eine Gemeindestrukturreform in Kraft getreten, welche uns das Buchschreib-Leben nicht leichter gemacht hat, denn statt der 542 steirischen Gemeinden gibt es jetzt nur mehr 287. Wir hoffen und glauben, dass alle Ortschaften nach wie vor zu finden sind, bei Fragen und Beschwerden bitte an das Land Steiermark wenden.

P wie Piefke

So werden die deutschen Nachbarn schon auch gern mal genannt. Man sollte sich davon nicht irritieren lassen, ist es nicht ein bisschen wie eine „kleine Bruder/große Bruder"-Beziehung, die da zwischen den beiden Europäern Österreich und Deutschland herrscht?

Q wie Quallen

Ok, diese gibt es in der Steiermark nicht! Dafür gibt es Wildtiere wie Füchse, Wildschweine, Murmeltiere, Rehe und Gämsen. Und auf diese gilt es Rücksicht zu nehmen. Also: Mit dem Ghettoblaster durch den Wald und über die Alm zu marschieren, ist nicht die feine, steirische Art und es gilt, diese und ähnliche Vorhaben wieder aus dem Kopf rauszustreichen.

R wie Rail Jet

Dieser Zug bringt einen schnurstracks von Graz nach Wien und ist eine der beliebtesten Öffi-Strecken der Steirer. Innerhalb der grünen Mark fährt man sowieso ganz gut mit dem Zug, um in absehbarer Zeit diverseste Ziele zu erreichen. So düst zum Beispiel regelmäßig ein Zug von Graz bis nach Spielfeld in den Süden. www.oebb.at ist der heiße Link zum Eisenbahnfahren.

S wie sportlich

Da gibt es nix, die Steirer stehen schon auf stramme Waden und dafür tun sie auch was. Aber nicht nur deshalb. Man liebt einfach das Draußen-Sein und mit derartig vielen Natur-Highlights rundherum macht das auch Sinn. Also, Radfahren, Mountainbiken, Wandern,

Bergsteigen, Tennisspielen, Klettern, Schwimmen, Riversurfen, Kajaken, Skifahren, Tourengehen ... alles ist möglich.

T wie Tradition

Die wird mal mehr, mal weniger gelebt. In den bergigeren Regionen hält man noch viel auf Tracht, Brauchtum und Ur-Steirisches. In anderen Regionen tun sich die Älteren da schon schwerer, der widerspenstigen Jugend das Traditionelle näherzubringen. Da tastet man sich dann über ein erstes Dirndl oder eine erste Lederhose an die eigene steirische Identität heran.

U wie ur-leiwand

Das ist ein Ausdruck, der so ganz und gar nicht in die Steiermark gehört, sondern einfach nur nach Wien. In steirischen Gefilden punktet man eher, wenn man weiß, was »Woazbrotn« ist. Nämlich Maiskolben ins Feuer halten, um sie dann zu verspeisen. Wer Steirisch lernen will, der muss einfach gut »zualousn«, also gut zuhören, was die Einheimischen so verzapfen.

V wie Vulgo-Name

Also, »long story short«, in der Steiermark haben manche alte Bauernhäuser Eigennamen. Da fragen sich viele dann »Und wie heißt es bei denen beim Haus?«, denn ab und zu setzt sich der Vulgo-Name voll durch und keiner kennt mehr den echten Familiennamen der Leute. Fallbeispiele gefällig? Buschenschank Reinbacher vlg. (=vulgo) Wurst oder der Buschenschank der Familie Lenhard vlg. Flurlweber.

W wie Wurstsemmel

Hier einmal ein Loblied auf die heimischen Supermärkte und Greißler. Dort geht man nämlich ganz gemütlich zur Feinkosttheke und lässt sich nach den eigenen Vorstellungen eine Semmel (a.k.a Brötchen) mit Wurst, Käse und Essiggurkerl zusammenstellen. Gibt es nicht überall auf der Welt und die Steirer lieben es!

X wie xund

Also gesund. Nicht jeder Tag der Steirer dreht sich um die Brettljause, die Wurstsemmel und das Steirer-Cordon-Bleu. Eh klar, oder? Es gibt viele schlankere Alternativen, die mindestens genauso gut schmecken, also vielleicht einfach mal auf Frittatensuppe, knackigen (Backhendl-)Salat und frisches Leitungswasser umschwenken.

Y wie Yes

Arnold Schwarzenegger ist gebürtiger Steirer. Seine Wurzeln befinden sich in Thal bei Graz, dort gibt es ein eigenes Museum rund um Arnies Life. Und vielleicht ist ein verregneter Tag in der Steiermark sogar der perfekte Zeitpunkt, um sich mal wieder vor die Glotze zu hauen und so Filme wie Terminator, Twins oder Kindergarten Cop anzuschauen?

Z wie Zecken

Diese lästigen Dinger gibt es leider in der Steiermark. Sie und das damit einhergehende Gesundheits-Risiko nach einem Biss lungern gern in Wald und Wiesen herum, daher nach dem Ausflug einen kleinen Zecken-Check machen. Es gibt auch eine Impfung, die hierzulande weit verbreitet ist.

Der Süden

Von der Sonne beschienene Weinreben paaren sich mit nebelverhangenen Waldstücken und die zwei Städtchen Leibnitz und Bad Radkersburg treffen sich mit Hopfen, Kürbisfeldern und Steirischem Kren. Die unterschiedlichen Rebsorten haben hier zu einer zufriedenen Lebensgemeinschaft zusammengefunden und der klassische Südsteirer ist ohnehin mit dem Buschenschank verheiratet.
Ein Ort der Begegnung, wie es scheint.

DER WESTEN
Lebring
Kitzeck
Leibnitz
Gamlitz
Ehrenhausen
Schlossberg

der Süden

Buschenschank Bedienungsanleitung

10 Goldene Regeln für echte Anfänger des steirischen Jausnens

1.

Kein warmes Essen.
Kein Bier. Kein Kaffee.

2.

Man schlürft hauseigenen Wein,
Fruchtsäfte und Schnaps.

3.

Der Buschenschank-Klassiker
ist die Brettljause.

4.

Ein Renner sind auch Verhackert-Aufstrich,
kalter Schweinsbraten, Brüstl und
saure Presswurst.

5.

Echte Kenner brauchen den steirischen Kren als Scharfmacher zur Jause.

6.

Für Vegetarier gibt es Aufstrichteller, Käseplatten und verschiedene Salate.

7.

Käferbohnen-Salat muss man mal gekostet haben.

8.

Der Salat wird in der Regel mit Kürbiskernöl abgemacht.

9.

Hausgemachte Mehlspeisen wie Buchteln oder Strauben! Ausprobieren!

10.

Im Herbst ist Sturm- und Kastanienzeit. Nicht Sturm und Drang. Nicht Sturm und Wind. Sturm und trinken.

Unterwegs im Süden...

Mit der Buschenschank-Bedienungsanleitung im Gepäck kann man sich jetzt schon frisch und munter auf die Suche machen und sich durch die UNZÄHLIGEN Betriebe der Steiermark kosten. Wir haben ein paar herausgepickt, um zu zeigen, welch unterschiedliche Arten des südsteirischen Genusses existieren.

Diese Liste kann beim besten Willen nicht all die tollen Betriebe aufzeigen, die es hier gibt (bitte um Nachsicht) und nur weil sie hier nicht erwähnt sind, heißt das auf keinen Fall, dass sie nicht hochgradig besuchenswert sind.

www.gutfinden.at

Weine gesammelt.

In der Vinofaktur in Vogau gibt es auf 1700 Quadratmetern Verkaufsfläche ein buntes Stelldichein steirischer Produkte unterschiedlichster Produzenten (Wein meets Speck und Kernöl). Sicher ein Tipp für alle, die gerne mal in die Südsteiermark hineinkosten wollen.

Weingut Verkostung nach Voranmeldung.

Weingut Holger Hagen
Wagendorferstraße 55
8423 St. Veit am Vogau

Wein von Ploder-Rosenberg
Unterrosenberg 86
8093 St. Peter am Ottersbach

Weinbau Familie List
Siebing 17
8481 Siebing

Jetzt mal ein Bier?

Hausbrauerei Löscher
in St. Nikolai i. S.
(www.flamberger.at)

Herzog Hofbräu
in Wundschuh
(www.herzog-hofbraeu.at)

Pock Bier
in Pichla bei Mureck
(www.pockbier.com)

Weingut und Buschenschank.

Weingut Muster Gamlitz
Grubtal 14
8462 Gamlitz

Weingut Strablegg-Leitner
Eichberg-Trautenburg 54
8454 Eichberg-Trautenburg

Weingut Trummer
Pessaberg 26
8422 St. Nikolai ob Draßling

Basilikum

Oberguess, what!

EIN GRENZGÄNGER UND DAS IM WAHRSTEN SINNE DES WORTES. DENN WIR BEFINDEN UNS HIER AN EINEM ORT, WO DER WALD IN SLOWENIEN LIEGT UND DER WEINGARTEN IN ÖSTERREICH – NÄMLICH BEIM SÜDWESTLICHSTEN WEINGUT DER SÜDSTEIERMARK.

Den Buschenschank gibt es schon seit den 50er Jahren. Ab 2010 hat Christian Krampl das Ruder übernommen. Er lenkt das »Oberguess«-Boot mit klaren Zielvorstellungen in Richtung Sauvignon Blanc und Gelber Muskateller. Er setzt die Segeln gegen Chemie im Weinanbau und navigiert entlang der Bio-Richtlinien, ohne sich mit der Bürokratie rundherum aufhalten zu wollen. Der Verkaufsraum bietet klare Sicht voraus. Hier hat der Kapitän einen Raum geschaffen, der zum Verweilen, Nachdenken und Blickeschweifenlassen einlädt.

Christian verrät, dass die Saison in der Südsteiermark von März bis Oktober andauert und dass er empfehlen würde, auch einmal im aufblühenden Frühjahr hierher zu kommen. Das Geheimnis des Weinmachens beschreibt er als »etwas Geistiges - nämlich auf keinen Fall esoterisch - sondern geistig«. Nachdem wir Wein und Jause verkosten durften, sitzen wir nun sattelfest mit im Boot »Oberguess« und flüstern euch Folgendes: »Eine Entdeckung – auf keinen Fall Standard – eine Entdeckung.«

TIPPS:

- Die Heiligengeistklamm und Sveti Duh
- Weingut Maria und Sepp Muster sowie das Weingut Tauss
- Im Herbst: Die Watschgarei (www.kuerbiskerne.at/watschgarei)
- Mostschenke Tertinek bei der Altenbachklamm (das Kübelfleisch!)
- Jaglhof in Gamlitz und Liepert's Kulinarium in Leutschach

Weingut oberGuess

Schloßberg 9
8463 Leutschach
0664 4380838

www.oberguess.com

DIE LANDJUGEND HAT SICH HIER EINIGE SCHMANKERLN AN AUSSICHTEN ZUSAMMENGESUCHT UND DEN WEG DER SINNE GESCHAFFEN.

NATURPARK SÜDSTEIERMARK

Bei so viel Genuss muss man auch mal was für den straffen Body tun. Da bieten sich zum Beispiel folgende Aktivitäten ganz gut an.

Weg der Sinne in St. Johann im Saggautal

Die Landjugend hat sich hier einige Schmankerln an Aussichten zusammengesucht und den Weg der Sinne geschaffen. Ausgangspunkt ist der Parkplatz beim Josefiplatz in St. Johann. Von dort weg marschiert man der grünen und roten Handmarkierung nach, passiert einige Buschenschenken und schöne Platzln. Wenn man überall einkehrt, dann braucht man etwas länger, ansonsten sollte man mit ungefähr drei Stunden rechnen.

Weinland-Rad-Tour

Startpunkt ist der Bahnhof in Leibnitz. Die Stationen der Tour sind der Hauptplatz Leibnitz, die Sulm-Brücke in Kaindorf, der R1 Richtung Heimschuh und Wippelsach, dann der R20 nach Saggau und der R25 über Leutschach und Gamlitz nach Ehrenhausen. Das Tourenblatt gibt es im Folder der Verbund Linie, namens »Rad & Bahn«, und hört auf die Tournummer elf. Wunderschöne Radtour, die einen die Weinstraße runterflitzen lässt, vorher aber auch einiges an Höhenmetern abverlangt.

Download:
http://bit.ly/1w2UwGu

Remschniggalm

Wenn man schon nicht die höchstgelegene Alm Österreichs ist, dann wenigstens die südlichste. Und das kann sich die Remschniggalm allemal ans Revers heften. Geparkt wird beim Gasthaus Prontintsch (Schloßberg, nahe Leutschach) bevor man sich dann aufs Almweidegebiet stürzt. Der Ausblick ist lohnend, die Kühe normalerweise freundlich und die Tour nach etwa zweieinhalb Stunden auch schon wieder vorbei. Verlängerungsmöglichkeiten sind natürlich gegeben.

www.naturpark-suedsteiermark.at

Höhenrausch

KITZECK LIEGT IM SAUSAL UND IST DER HÖCHSTGELEGENE ORT, AN DEM IN ÖSTERREICH WEIN ANGEBAUT WIRD. WAS HEISST DAS WIEDERUM FÜR UNS? DASS ES EINE WUNDERSCHÖNE AUSSICHT GIBT. BEI JEDEM EINZELNEN DER BUSCHENSCHENKEN UND AUCH WANDERNDERWEISE GENIESST MAN FERNBLICK PAR EXCELLENCE.

Man muss ja fast in die Ferne schweifen, wenn man sich auf dem Kamm bewegt, auf dem Kitzeck nun einmal liegt. Kein Wunder, dass dieser Ort auch für Hochzeiten äußerst beliebt ist: Man hat das Gefühl, bis in die Zukunft sehen zu können. Wer also schön herausgeputzte Menschen erblicken möchte, der hält sich am Samstag in der Nähe der Kitzecker Kirche auf. Da es in der Südsteiermark vor Weinstraßen nur so wimmelt – es ist schon fast schwieriger NICHT auf einer Themenstraße unterwegs zu sein – gibt es auch die Sausaler Weinstraße, die im Gegensatz zur »großen« Schwester, der Südsteirischen Weinstraße, noch etwas unbekannter und ungleich charmanter ist.

Was man in Kitzeck nicht schaffen wird: Man wird hier weder verhungern, noch verdursten. Selbst wenn man den beliebten Wanderweg mit der Nummer acht geht, kommt man bei unzähligen Buschenschenken vorbei, die sich mit Wein und guter Jause stets übertreffen. Nach den dreieinhalb Stunden, die der Kitzecker Weinwanderweg dauert, kehrt man dann mit Freude ein und genießt.

Wer etwas kürzer gehen möchte, kann den Buschenschank mit dem steilsten Weingarten Österreichs besuchen. (Man sieht: Kitzeck ist ein Ort der Superlativen!). Durch die Weinreben wandert man etwa eine Dreiviertelstunde nach Einöd zum Buschenschank Malli, der erst kürzlich renoviert wurde, aber nichts an Gemütlichkeit eingebüßt hat. Auf dem Rückweg kann man dann über die Bundesstraße zurückgehen und sieht rund um den Buschenschank ganz liebe alte Häuser. Manche gepflegt, manche eher verwuchert.

TIPPS:

Buschenschank Malli

Einöd 38
8442 Kitzeck im Sausal
03456 3159

www.weingut-malli.at

Schönste Sicht auf Kitzeck: Buschenschank Albert

Gauitsch 19
8442 Kitzeck im Sausal
03456 2239

www.weingut-albert.at

Buschenschank Warga-Hack

Gauitsch 20
8442 Kitzeck im Sausal
03456 22820

www.warga-hack.at

INFOS:

Gasthaus zum Schmeh

Sausal 17
8443 Pistorf
03456 22033
www.gasthaus-zum-schmeh.at

Tipps der Autorinnen
in der unmittelbaren Nähe:

Buschenschank Schneiderannerl

Sausal 27

Restaurant Zur Hube

Sausal 51

Das Gasthaus zum Schmeh

VOR EIN PAAR JAHREN ZOG STEFAN SCHMEH DER LIEBE WEGEN VON DER SCHWEIZ IN DIE STEIERMARK. DANN HAT ER SICH AUF DIE SUCHE GEMACHT NACH EINEM GEEIGNETEN ORT FÜR SEIN NEUES GASTHAUS UND ER IST AM »OBEREN PLÖDERLBERG« IM SAUSAL FÜNDIG GEWORDEN.

Dort kocht er jetzt so gute Sachen wie »Süßerdäpfelsuppe mit gebratener Chorizo«, »Steirische Fajitas«, Geschnetzeltes »Züricher Art« oder »Toblerone Schokoladenmousse«. Und im Kalender sollte man sich die Tage fett anstreichen und einringeln (und ausgedruckt ins Badezimmer hängen), zu denen er wieder zu Schweizer, spanischen oder karibischen Wochen ausruft.

Die klassische Frage, aber sie muss fast sein. Wie fühlt man sich als Schweizer in der Steiermark?

Ich fühle mich so, als hätte ich genug Raum zum Atmen hier. Das entsteht durch das Hügelige, denk' ich. Die Schweizer Seen gehen mir natürlich schon ein bisschen ab. Aber egal wo du bist auf der Welt, das Privatleben und die Aufgabe müssen passen. Und das passt.

Hast du eine schweizerische oder steirische Leibspeise?

Das Beste ist immer Mutters Küche. Wichtig beim Essen ist mir, dass die Produkte hochwertig sind und »regional« ist höchstes Gebot. Die Grundprodukte in beiden Küchen sind ja ungefähr die gleichen, das heißt, wenn ich was aus der Schweiz vermisse, dann kann ich es hier leicht nachkochen. Das macht das Ganze einfach.

Was sagst du zum steirischen Dialekt? Lustig für dich?

Ich finde die Ausdrücke »Waßt eh« und »Passt scho« super. Und die Standardfrage ist halt »Waßt du überhaupt, was Schmäh bedeutet?«. Das weiß ich jetzt schon ganz gut (grinst).

Käserei Fischer

Neurath 19
8442 Kitzeck im Sausal
03456 3465 oder
0664 5451365
www.fischer-kaese.at

Shopping Queen

KÄSEREI FISCHER

Der Seppi. Irgendwas macht er ganz richtig, denn mittlerweile kennen ihn schon viele in der Südsteiermark. Ihn und seine milchigen Freunde.

Als klar war, dass der Papa bald mal in Pension gehen möchte, hat es bei Josef (Seppi) Fischer »Klick« gemacht und er ist auf den (Käse-)Geschmack gekommen. Die Landwirtschaft mit Milchkühen war ja schon vorhanden, nun benötigte er nur noch das Fachwissen und die Maschinen.

Das ist mittlerweile alles angeschafft und daher wird in Kitzeck im Sausal nun bereits seit drei Jahren fleißig Sulmtaler Käse, Camembert, Frischkäse, Topfen, Joghurt und mehr produziert. Auszahlen tut sich das in jedem Fall, denn Seppi trägt nach der Reihe die Prämierungen nach Hause.

Wer nun auch auf den Geschmack gekommen ist, der kann die Fischer-Produkte ab Hof oder in südsteirischen Bauernläden kaufen. Oder… der, die, das kann eine Verkostung mit Seppi buchen.

TIPPS:

- Weingut und Buschenschank Johann Schneeberger (www.weingut-schneeberger.at)
- Schratln in Heimschuh (jeden Donnerstag von Mai bis Anfang Oktober)
- Weingut und Buschenschank Schmölzer (www.schmoelzer-schneeberger.at)

TIPPS VON HEINZ:

- Ölmühle Hartlieb, Ölmühle Kremsner
- T.O.M am Kochen, 8444 Sankt Andrä im Sausal 1 (tomr.at)
- Kogelberger Wollschweine (www.wollschweine.at)
- Whisky-Destillerie Weutz
- KLEINeFARM in Flamberg (www.kleinefarm.org)
- Die Ramsau und der Dachstein! Beides echte Highlights!

Heinz und Hannes Harkamp

DER EINE BRUDER SCHMEISST KÜCHE UND HOTEL, DER ANDERE KÜMMERT SICH UM 16 HEKTAR WEINGARTEN. WAS DABEI HERAUSKOMMT?

Ergebnis 1

Ein Weingartenhotel mit Überraschungen und Aha-Effekt. Das Haus soll nämlich so sein, wie man es zuhause nicht hat. Denn wer bitteschön mag sich jahrelang auf goldenem Boden bewegen? Da wird man wahrscheinlich »crahazy«. Aber für ein paar Tage hat's was. Oder wer kann schon von sich behaupten, Sauna und Kino zugleich im Schlafzimmer zu haben? Für die Zu-zweit-aufs-Klo-gehen-Freundinnen hat Heinz eine passende Toilette vorgesehen und Badewannen am Balkon sind sowieso eine andere Geschichte.

Ergebnis 2

Ein Restaurant, das Heinz' Handschrift trägt und in dem bewusste und zeitgemäß gekochte steirische Küche kredenzt wird. In der Hochzeits-Season speist man hier in großen und auch kleineren Gruppen, denn bei Harkamps in Flamberg wird einfach gern geheiratet. Wer nur so zum Essen vorbeikommen mag, der ist immer willkommen, melde sich aber besser an, damit man nicht ungewollt Teil eines Events wird. Wer klein anfangen möchte, der/die kommt einfach mal zum Frühstücksbüffet – dieses steht auch Nicht-Weingarten-Hotel-Gästen offen.

- Heinz Harkamp -

Ergebnis 3

Die ausgezeichneten Weine und Winzersekte Marke Hannes Harkamp. Diese kann man in der Vinothek im Weingartenhotel probieren oder bei Frau Petra anrufen und eine Verkostung in der Wein- und Sektmanufaktur der Villa Hollerbrand ausmachen.

Fazit: Wir würden sagen, die Arbeit der Harkamps kann sich sehen lassen.

Weingartenhotel, Restaurant und Vinothek Harkamp

Flamberg 46
8505 St. Nikolai i.S.
03185 2280,
Petra Harkamp (Weinfraktion)
0660 3449599
www.harkamp.at

IMBISS

deli
lounge cafe
restaurant

are you veda?
foodloose

Leibnitz City

WENN MAN SCHON SO VIEL ZEIT AN EINEM BESTIMMTEN ORT VERBRACHT HAT UND DIESEN MIT DIVERSEN EPOCHALEN GESCHEHNISSEN AUS MITTLERWEILE DREI JAHRZEHNTEN SEINES LEBENS VERBINDET, DANN IST DAS SCHREIBEN ÜBER DIESEN ORT GAR NICHT SO EINFACH. ABER JETZT WEISS ICH WENIGSTENS, WIE ES UNSEREN INTERVIEWPARTNERN IMMER GEHT: EINE ZUSAMMENSTELLUNG DER MÖGLICHKEITEN IN VERAS SCHULSTADT.

Von der Struktur her sehr einfach, tut sich das meiste am Weg vom Bahnhof zum Städtischen Bad. Nahe dem Bahnhof befindet sich mit dem Geschäft »Sport Überbacher« übrigens ein gutes Platzerl, um sich für »Hike« und sonstige Sportarten auszurüsten. Außerdem wird es schon langhin für das gute Sortiment an »Streetwear«, also lässiger Kleidung, geschätzt.

Am Hauptplatz

Beim Hauptplatz selbst gibt es das Urgestein der Cafés, das »Café Elefant«. Dort kann man zur Tages- und zur Nachtzeit hingehen. Am Tag ist Kaffeehausbetrieb mit Frühstück angesagt, abends verwandelt sich das Elefant in eine Weinbar mit super Aperol-Sprizz. Nicht weit davon entfernt steht ein »Must-Do« für jeden LB-Besucher: Der Imbiss-Stand der Familie Weinzettl. Heute noch ist es für jeden Bezirk-Leibnitzer ein Festessen, wenn man das Hot-Dog-Spezial mit Käse und dieser genialen Soße in die Finger und zwischen die Zähne kriegen kann.

Sportlich

Weiter Richtung Städtisches Bad, am Kino vorbei, gibt es seit neuestem ein JUFA-Gästehaus mit Bogenschießgang, Kraftraum und Saunabereich, das alles nicht unweit der Tennishalle. Tennisspielen ist ja fast ein Muss im Thomas-Muster-Land. Das Städtische Bad bietet im Sommer übrigens enorme Fläche, um sich mal im grünen Gras aufs Ohr zu hauen oder um Minigolfbälle durch die Luft zu jagen.

Schloss und Wein

Beim Bad angekommen ist man schon ganz nah dran am schönen Seggauberg. Schloss Seggau kann man ruhig mal besuchen und dort ein wenig herumflanieren. Über den Berg (alias Hügel) drüber findet man die Weinbauschule Silberberg, wo die späteren Meister im Vino-Machen ihr Fach erlernen. Der Weg von der Schule hinauf zur Kreuzkogelwarte ist übrigens sehr empfehlenswert.

Eat Eat Eat

Diejenigen, die jetzt schon hungrig geworden sind (wir wissen schon, warum wir bei unseren Buchtiteln immer mit dem schönen Wörtchen »Eat« anfangen), die können zum Beispiel das Winzerhaus Kogelberg am ...jajaja... Kogelberg aufsuchen. Oder, wer schon »totally« auf Buschenschank eingestellt ist, der findet mit dem Buschenschank Kieslinger ein geniales Plätzchen zum Anjausnen und Wein schlürfen. Ein bisschen unsteirischer, aber »molto bene«, ist das Essen beim Italiener »Da Gino« in Kaindorf.

Ausgelagert, aber nah

Tja, und es gibt natürlich auch ein paar spannende Außenposten: Der Frischehof zum Beispiel. Hier dreht sich alles um das kleine Wörtchen bio, denn es gibt Bio-Shop, Bio-Restaurant und Bio-Café. Kochkurse stehen hier genauso am Programm wie Meni-Yoga. Als zweiter Außenposten fällt mir die ausgezeichnete Schmankerlstub'n Temmer in »good old« Tillmitsch ein. Und in Leitring steht das Schloss Retzhof: Heute ist es Seminarzentrum, Veranstaltungsort und Gästehaus samt Verpflegung. Gleich daneben gibt es das »deli«, ein Dauerbrenner bei den Einheimischen, da es als Lounge, Café oder Restaurant und vom Frühstück bis zum Abendessen begeistert.

WER SCHON »TOTALLY« AUF BUSCHENSCHANK EINGESTELLT IST, DER FINDET MIT DEM »KIESLINGER« EIN GENIALES PLÄTZCHEN ZUM ANJAUSNEN UND WEIN SCHLÜRFEN.

Ehrenhausen

Hengist

EIN KULTURPARK MIT MÖGLICHKEIT ZUM MITMACHEN, WANDERN UND ZEITREISEN.

Kulturbanausen aufgepasst!

Bei »Kultur« klappen bei vielen ja sofort die Ohren zu oder sie schalten auf Durchzug um. Aber es ist schon interessant, dass es da rund um Buchkogel, Wildoner Schlossberg und Bockberg Beweise für sämtliche menschliche Kulturepochen gibt. Archäologen fühlen sich hier wie Kinder im »Disneyland« und zum Ausbuddeln gibt es anscheinend so einiges.

Es gibt immer was zu tun

Aber nicht nur Archäologen haben hier etwas zu entdecken, Besucher können ruhig auch mitanpacken. Der Jahres-Veranstaltungskalender ist prall gefüllt mit Events wie Seifen- und Naturkosmetikwerkstätten, schönen Sternenschau-Abenden, Goldwaschen und Wanderungen, bei denen man was lernen kann (Pilzwanderungen zum Beispiel).

Kulturpark Insiderwissen

Am Wildoner Badesee kann man die Sommerseele baumeln lassen. Und eigentlich immer kann man die Kogel und Bergerl des Kulturparks unsicher machen und zum Beispiel vom Bahnhof in Lebring zum Buschenschank Bockmoar wandern.

www.hengist.at

GUT ESSEN:

- Gasthaus Schweinzger und Zieglerwirt in Lang
- Gasthaus Draxler in Dexenberg
- Restaurant Gollner, Gasthaus Kießner und Thaller in Lebring
- Der Kirchenwirt in Hengsberg
- Der Laden von Liesi Wallner in Wildon

Brathendl mit Fülle

Auf die Frage hin, warum es denn genau dieses Rezept sein soll, antwortet die Bachernegg-Oma nur: »Du, das Essen ist beliebt bei Alt und Jung. Ich hab das über Generationen getestet.« Sowieso war sie Köchin. Da gibt es also von mir aus auch nichts mehr hinzuzufügen.

Zutaten:

1 Hendl reicht für 4 Personen. Für die Semmelfülle: 8-10 Semmeln in kleine Würfel geschnitten, Butter, 1 Zwiebel, ¼ Liter Milch, frische Petersilie, 2 Eier

Zwiebel fein würfeln und in reichlich Butter (ca. 30g) glasig anbraten. Dann ¼ l Milch hinzugeben und kurz aufkochen lassen. Die Petersilie dazu und das Ganze über die Semmelwürfel leeren. 10 Minuten abkühlen lassen. Dann 2 Eier darüber schlagen. Mit Salz, Pfeffer und Muskatnuss würzen und mit den Händen vermengen. Danach ziehen lassen.

Das Hendl gut waschen, innen salzen sowie pfeffern und mit der Semmelmasse füllen. Nun außen mit Salz, Pfeffer und rotem Paprikapulver würzen. Das Hendl kommt zusammen mit geschälten Kartoffeln (halbiert) und der übriggebliebenen Fülle (zu Laibchen geformt) bei 180°C und Ober- und Unterhitze in den Ofen. Immer wieder mit Wasser oder Hühnersuppe aufgießen (insgesamt aber nicht verwässern). Das Hendl, die Kartoffeln und die Fülle-Laibchen einmal umdrehen. Nach ungefähr eineinhalb Stunden im Ofen ist alles fertig.

Tipps zum Ausprobieren:

- Am Anfang das Hendl bei 250°C Ober- und Unterhitze in den Ofen geben, damit es Farbe bekommt. Dann erst auf 180°C zurückschalten.
- Das Hendl bereits vor dem Braten zerteilen und auf der als längliches Laibchen geformten Fülle verteilen.

Labugger
Kürbiskernölpresse
Dorfstraße 65
8403 Lebring
03182 48847
www.labuggers-kernoel.at

Kernölexperte Franz Labugger

BEI IHM FLIESST DAS SCHWARZE GOLD IN RAUEN MENGEN UND DAHER GIBT ES BEI FAMILIE LABUGGER ZU DIESEM THEMA FÜHRUNGEN, EINE SCHAUPRESSE SOWIE EINEN GENUSSREGIONEN-LADEN UND KUNSTHANDWERK.

Bei euch fahren ja scharenweise die Busse ein. Woher dieses große Interesse an Kernöl?

Das kommt daher, dass es mit einigen Busunternehmen Packages gibt, die den Besuch bei uns miteinschließen. Ein Besuch heißt, wir zeigen einen Film über die Kürbiskernölproduktion vom Anbau bis zur Presse. Dann machen wir eine Führung durch die Ölmühle mit anschließender Ölverkostung und auf Wunsch mit Kernöleierspeise. Aber natürlich gibt es das Ganze auch ohne Bus – jeder ist willkommen, ob allein, zu zweit oder als größere Gruppe.

Wer ist der perfekte Begleiter zum Kernöl?

Ein guter Essig.

Und was wäre ein Labugger-Steiermark-Tipp?

Definitiv Kitzeck. Dort ist es noch ein bisschen ruhiger als auf der Weinstraße.

Weingut & Buschenschank Kögl

8461 Ratsch an der Weinstraße 59
03453 4314
www.weingut-koegl.com

Wein ist Frauensache

EINE 30-JÄHRIGE WEINBÄUERIN LEBT UND SCHAFFT IN EINEM 300 JAHRE ALTEN HAUS. DAS PASST DOCH GUT ZUSAMMEN. ALLERLIEBST, MIT VIEL LIEBE ZUM DETAIL RENOVIERT, IST DAS MOARHAUS, IN DEM SICH DER BUSCHENSCHANK DER FAMILIE KÖGL BEFINDET. EINER DER GEMÜTLICHSTEN ÜBERHAUPT. UND MITTENDRIN? DA IST TAMARA KÖGL.

Wie ist es, als Mädel in der Branche zu arbeiten?

Man muss sich als Weinbäuerin einfach durch seine Arbeit beweisen. Dann wird man ernst genommen. Wenn es mehrere Geschwister gibt, ist es oft so, dass der Bub beim Wein hilft und das Mädel in der Küche steht. Ich habe keine Brüder – somit war für mich der Weg geebnet.

Welcher ist dein Lieblingswein?

Ich mag Sauvignon Blanc. Er ist so vielseitig und ausdrucksstark und man kann ihn auch international vergleichen. Das ist mit anderen heimischen Sorten wie dem Welschriesling nicht möglich.

Warst du mal im Ausland, um zu lernen, wie man guten Wein macht?

Ich habe zwar nicht in Frankreich gearbeitet, bin dort aber viel herumgefahren und habe gekostet und die Sprache vertieft. Dabei bin ich draufgekommen, dass österreichischer Weißwein noch viel mehr Potential hat. Man müsste ihn einfach ein paar Jahre liegen lassen. Gute Weine sind dafür gemacht, dass sie zehn bis 20 Jahre reifen.

Anmerkung der Autorinnen: Wir haben den Spezialitätenteller und die Streicherei gegessen – eine ausgewogene und supergute Kombination!

TIPPS:

- Norbert Thaller in St. Veit: Zu Mittag ein Wirtshaus und abends wird dann auf 2-Hauben-Niveau gekocht.
- Auf jeden Fall lohnt sich ein Abstecher nach Marburg. Das ist praktisch gleich über der Grenze. »Verdi« ist die beste Pizzeria. Außerdem gibt es im Lentviertel supergute, deftige Pleskavitza.
- Das Weinlokal »Schwarzer Hund« in Leoben.

Perfect Click

TERRASSE BEIM TEMENT

Eigentlich ist dieser Fototipp geschummelt, denn technisch gesehen fotografiert man hier nicht in die Steiermark, sondern nach Slowenien »hinunter«. Das Familienweingut Tement ist inzwischen schon ziemlich bekannt und liefert Weine in aller Herren Länder aus. Zum Glück, denn würden sie nicht so gute Weine produzieren, dann wäre die Terrasse sicher nicht so wunderbar ausgefallen. Und dieser Blick ist wirklich einzigartig. Am besten man lauert hier mit der Kamera und wahlweise einem Sauvignon Blanc, einem Gelben Muskateller oder einem Morillon darauf, wie sich die Stimmung verändert und drückt immer wieder auf den Auslöser. Auf dem Bergplateau hat man einen Blick, der die Bezeichnung »Steirische Toskana« für die Südsteiermark wieder einmal unterstreicht.

Weingut Tement
Zieregg 13
8461 Berghausen
03453 41 01 0
www.tement.at

IM NAHEGELEGENEN GOSDORF WOHNT DER 18.000 QUADRATMETER GROSSE KLIMASCHUTZGARTEN.

TIPPS:

- Gasthaus Neddermeyer in Weitersfeld an der Mur
- Generell das Netzwerk »Genuss am Fluss« (www.genussamfluss.at)

Hart an der Grenz' und nah am Wasser

MURECK. DER NACHBAR SLOWENIEN IST HIER WIRKLICH NUR MEHR EINEN STEINWURF ENTFERNT UND GRAZ KEINE LICHTJAHRE. EIN LOKALAUGENSCHEIN ZUM THEMA, WAS MAN HIER ENTLANG DES »RIVERS« MUR MACHEN KANN.

Mureck selbst ist eine kleine Stadtgemeinde. Beim Buschenschank »Kolleritsch« am Hauptplatz schoppt sich's allerdings. Dort treffen sich die Einheimischen zum Tratschen, Jausnen und Weintrinken. Ein besonderes Kleinod ist das »Hotel Reineldis« in der Bahnhofstraße, das einen schnurstracks in die 50er Jahre beamt und wo man sich in Ruhe auf einen Retro-Feeling-Kaffee hineinsetzen kann. Oder – im Falle von Vera – die frühere Geschichtslehrerin trifft.

Im nahegelegenen Gosdorf wohnt der 18.000 Quadratmeter große Klimaschutzgarten. Diesen kann man ganzjährig besuchen, bei infogeballten und klimabewusstseinsbildenden Gartenführungen und Workshops mitmachen oder ihn im Winter als Anlass zum Shopping oder Weihnachtsausstellungsbesuchen nehmen. Vom Röcksee wagt man einen kleinen Ausflug in die Murauen: Dort steht noch nicht allzulang ein Murturm, von wo aus man ein paar besondere Ausblicke erhaschen kann.

TIPPS:

Urbani Vinothek

Langgasse 7
8490 Bad Radkersburg
03476 40357
www.kolleritsch.com

Romantik Hotel im Park

Kurhausstraße 5
8490 Bad Radkersburg
03476 25710
www.hotel-im-park.at

Bad Radkersburg – das Dazwischenkind

AN DER GRENZE ZWISCHEN ÖSTERREICH UND SLOWENIEN, HAT BAD RADKERSBURG GESCHICHTEN ZU ERZÄHLEN, DIE SICH IN EINEM GANZEN KURZYKLUS NICHT AUSGEHEN WÜRDEN. MIT THERME, CHARME UND MUR GEHT ES HIER HEITER ZU: DIE RADKERSBURGER BEKOMMEN NÄMLICH DEN MEISTEN SONNENSCHEIN.

Touristisch: Ja! Überlaufen: Nein! Bad Radkersburg liegt so nahe an Slowenien, dass man beinahe aufpassen muss, nicht nach einem Spaziergang auf einmal in einem anderen Land anzukommen. Aber glücklicherweise sind unsere Grenzen dank EU geöffnet und dieser Spaziergang wird eher als witzige Episode enden. Vom Thermalbad, das neu renoviert wurde, sieht man auf die Burg »Gornja Radgona«, die sich bereits hinter der Mur in Slowenien befindet – die Mur ist übrigens die Grenze. Das ist dann recht leicht zu merken.

In der Therme kann man runterkommen und die Thermalhotels helfen dabei. Besonders empfehlen können wir hier das Romantik Hotel im Park, da der Chefkoch mit vielen lokalen Produzenten verbandelt ist und sich bereits beim Frühstücksbuffet das gute Steirische zwischen den Kaiserschmarrn und die Kurgäste mischt. Außerdem hat man beim Essen am Abend einen schönen Blick auf die teilweise noch eingemauerte Altstadt.
Was macht man dann am Abend in einem Ort, der »Bad« mit Vornamen heißt? (Immer wieder ein verwirrender Stadtname für englischsprachige Besucher!) Man geht natürlich spazieren, wie es alle tun. In goldenem Licht schlendert man über Wiesen, gönnt sich dann noch einen Wein in der Urbani Vinothek und zählt die Störche, die hier auf den Rauchfängen thronen. Alternativ kann man sich auch auf Kunst- und Keramiksuche in die Ateliers der kleinen Stadt begeben.

STEYR
STEYR
Castrol

Action Hero

KLÖCH: ZWISCHEN TRAMINERN TRAMPELN

In Klöch spielt der »Knochenmann« von Wolf Haas. Allerdings ist diese Mord- und Totschlag-Geschichte nicht unbedingt der touristische Aufhänger des Ortes. Eher schon die malerischen Traminerhänge, zwischen denen man auch wandern kann.

Es soll also losgehen. Die Schuhe sind angeschnallt, die kurze Hose raufgerissen und die Sonnencreme aufgetragen. Es ist ein herrlicher Septembertag und Klöch könnte schöner nicht dastehen. Die Besucher strömen richtig zur Burgruine, die heute Aussichtsturm ist. Mitten im Ort laufen schon die Vorbereitungen für das Pressfest, das ab Mittag gefeiert werden soll. Unbeirrt steuern wir die Vinothek an, um uns eine Wanderkarte für den 13.5 km langen Traminerweg zu sichern. Denn ohne Karte kann man sich schon einmal verlaufen. Wie wir später herausfinden sollten sogar mit. Allerdings ist daran Wolf Haas schuld.

Wein, Obst, Wald

Für die multiplen Geocaches, die sich überall am Klöcher Traminerweg verteilen, sind wir leider zu wenig vorbereitet. Wenigstens haben wir die Kamera und gutes Wetter mitgebracht. Und fröhliche Wadeln, die uns über das Auf und Ab der Weinberge tragen. Zwischendurch geht es auch durch Obstwiesen, in denen die Apfelbäume bereits mehr Äpfel als Blätter tragen. Ein saftiges Angebot.

Auf Vulkanerde walken

Das gibt es dann auch beim ersten Buschenschank-Stopp. Und was sollte man anderes trinken, als einen Traubensaft. In dieser Gegend darf nie vergessen werden: Man bewegt sich auf fruchtbarer Vulkanerde. Und eigentlich ist der Weg auch leicht zu finden. Sowohl ein Rosensymbol als auch riesige, weiße Fußstapfen am Boden führen uns durch die Weingärten, die gepaart mit dem Blau des Himmels richtig kitschig ausschauen. Geht man den ganzen Traminerweg, ist man schon fünf Stunden unterwegs, mit kulinarischen Zwischenstopps natürlich länger.

Wermutstropfen und Irreführung

Entlang des Weges kann man nicht nur den Weinbauern beim Arbeiten über die Schulter schauen und uralte Steyr-Traktoren aus der Nähe inspizieren, sondern auch 16 Geomantiepunkte abklappern. Der Nachteil daran: Um diese zu lesen und zu erleben muss man stehen bleiben. Allerdings hat der Sommer dieses Jahr einen langen Atem und mit ihm auch die Mücken, zu deren Atem sich auch noch schier unstillbarer Durst mischt. Die Tafeln wurden also aus drohender Blutarmut auf die nächste Traminerrunde verschoben. Dann kommen wir beim berühmt-berüchtigten Gasthof Palz vorbei, der Hendlstation, die mit einem getarnten Namen im Wolf Haas Klassiker »Der Knochenmann« mitspielt. Was sollte man hier anderes essen, als eine gehörige Portion Backhendl? Dabei sollte man die Lektüre des zweiten Brenner-Krimis eher vermeiden.

Aber danach geht's dann gleich wieder. Am besten mitten im Traminerweinberg auf einer netten Bank. Und genau dieser Wolf Haas war es, der uns komplett vom Weg abgebracht hat. In eine literarische Diskussion vertieft übersahen wir die Abzweigung, verloren gleichzeitig die Wegkarte und waren schon auf der Bundesstraße.

An alle Geher des Klöcher Traminerweges: Die Abzweigung, die ihr nehmen müsst, ist noch vorm Hendl-Gott Palz. Nicht danach!

TIPPS:

Hotel Schöne Aussichten
Hochwart 10
8493 Klöch
03475 7545
www.schoeneaussichten.at

Buschenschank Gießauf-Nell
Hochwart 63
8493 Klöch
03475 7265
www.giessauf-nell.at

Gasthof Palz
Klöchberg 45
8493 Klöch
03475 2311
www.gasthof-palz.at

OSTEN

Es gibt hier Burgen und Fräulein. Äpfel und Blüten. Buschen und Schenken. Almen und Spa. Schokolade und Käferbohnen. Speck und Brote. Erloschene Vulkane und lodernde Energie. Man ist hier nah dran am Nachbar Ungarn, ist weithin bekannt für die blubbernden Thermalquellen und schenkt sich am Abend gern ein Glaserl Most oder Traminer ein. Eine schöne Region. Ein aufregendes Kapitel.

Der
Osten

DIE BERGE
Birkfeld
Pöllau
Passail
Hartberg
Weiz
Gleisdorf
Ilz
Markt Hartmannsdorf
Fürstenfeld
St. Margarethen
Riegersburg
Feldbach
Bad Gleichenberg
DER SÜDEN

Der Phönix aus der Vulkanasche

KAUM EINE REGION IN DER STEIERMARK, WENN NICHT IN GANZ ÖSTERREICH, ZEIGTE SICH IN DEN LETZTEN JAHRZEHNTEN SO IDEENREICH. IMMER WIEDER NEU ERFANDEN SICH PRODUZENTEN, WIRTE UND GESCHÄFTSTREIBENDE. JETZT IST ERNTEZEIT UND ZUR FEIER KOMMEN MENSCHEN AUS ALLER WELT.

Viele Gesichter bringen viele Namen mit sich. Wir vergessen sicher ein paar der »Länder«, die sich innerhalb der Oststeiermark einen Namen gemacht haben. Aber nur um einen Einblick zu gewinnen, hier ein paar Glanzlichter: Das Erdbeerland, das Almenland, das Thermenland, das Vulkanland, das Apfelland. Dazu gesellen sich noch die Energieregion rund um Gleisdorf und Weiz und die Römerweinstraße. Da soll sich ein Mensch auskennen! Wir warten ja schon ein bisschen darauf, dass es auch bald ein Schinkenland geben wird. Von konkreten Plänen haben wir allerdings bis dato noch nichts gehört.

Der Dreck von damals

Wenn man mit älteren Menschen redet, dann packen sie noch die Vorurteile aus, die man vor vielen Jahrzehnten über die Oststeiermark hatte. Es war ein Land der armen Leute, fruchtbar zwar, aber die Menschen hatten nicht allzu viel. Das änderte sich rapide in den letzten Jahren und heute kann man sich gar nicht mehr vorstellen, dass das Gebiet einst ein Problemkind der Donaumonarchie und der Jahre danach war. Mittlerweile hat es viele große Geister und Daniel Düsentriebs hierher verschlagen, die ihre Ideen umgesetzt haben. Auch wenn sie öfters gescheitert sind, sind sie wieder aufgestanden und haben es erneut probiert. Weil sie daran geglaubt haben. Und wer an seine Träume glaubt, der erfüllt sie sich auch.

Kulinarische Highlights

Die ideenreichen Menschen, die die Oststeiermark bereichert haben, haben auch die Einheimischen angesteckt, die sich vielleicht nicht von Anfang an getraut hätten, ihr Schicksal in die Hand zu nehmen. Fährt man durch die sanften grünen Hügel des Landes, hat man das Gefühl hier Wochen verbringen zu können und jeden Tag würde sich etwas Neues auftun. Da wären zum Beispiel die Genusspioniere Zotter und Gölles, die in Riegersburg für Furore sorgen. In Auersbach trifft man auf den Vulcano-Schinken und in Walkersdorf auf Fink's Delikatessen. Im kleinen Raabau bei Feldbach macht die Familie Kaufmann Apfelsaft in so vielen Sorten, wie es Äpfel gibt und die Almo-Steaks aus dem Almenland stehen mittlerweile in jedem Restaurant, das etwas auf sich hält, auf der Karte. Wie sollte es auch anders kommen, wenn man die Genussschmiede Bad Gleichenberg mit ihrer Fachhochschule und der weltberühmten Tourismusschule mitten in die Region pflanzt?

Lovely Places

Der Osten macht Spaß und wer gerne kleine, historische Orte besucht, der kann sich in Kirchberg an der Raab, Pöllau oder Anger richtig freuen. Die Riegersburg ist ein Kapitel für sich. Aber der eigentliche Hauptdarsteller ist die Landschaft selbst, die im Frühling in Apfelblüten gebettet, im Sommer vom stahlblauen Himmel heimgesucht wird und im Herbst im Indian-Summer-Look ist. Empfehlenswert ist der Raabtal-Radweg, der vom Ursprung der Raab, etwas nördlich von Passail, bis nach Jennersdorf führt.

Alle Wege führen nach Straden

ZUM AUGEN AUFREISSEN UND EINE ECHTE BEAUTY IST DIESE KLEINE GEMEINDE IM VULKANLAND.

Straden erinnert straßentechnisch ein bisschen an Cornwall im Südwesten Englands. Denn wenn man auf den Hügel hinaufkommt, dann verengt sich das Ganze auf einmal auf eine PKW-Breite. Wenn man sein Auto dann dort durchgequetscht hat, gehen einem aber Augen und Herz auf, denn der Blick von Straden upstairs runter nach downstairs ist gewaltig. Ein Blick, der irgendwie guttut. Kann man das so sagen?

Wenn man sich in kein Auto quetschen will, sondern lieber den Hintern auf den Fahrradsattel, dann findet man mehrere schöne und auch fordernde Touren rund um die kleine Beauty.

Mittendrin im Zentrum des Geschehens ist übrigens die Greißlerei De Merin. Draußen kann man sich einen Platz im Herzen Stradens erkämpfen, drinnen aus einer reichen Auswahl an regionalen Spitzenprodukten wählen.

Einer der Landwirte, der in die Greißlerei liefert, ist der Herr Unger - auch bekannt als Urlmüller. Unter diesem Decknamen verkauft er im Familienbetrieb Paradeiser und Chilis in allen Farben, Formen und Verarbeitungen (bis hin zu Ketchup und Marmelade).

Viel Geschmack, viel Aussicht und viele Augenaufreißer, das ist Straden.

TIPP-SAMMLUNG:

- Weingut Frauwallner
- Der Lebenskraftweg mit Ausgangspunkt am Kirchplatz in Straden
- Buschenschank Neubauer am Rosenberg
- Buschenschank Dunkl in Nägelsdorf

WEIN IM STEIN STATT WEINSTEIN

Genuss ist bei Krispels oberste Prämisse. Egal, ob es um Wein, den besonderen Neusetzer Speck oder einfach nur das Leben selbst geht. Ist man einmal dort, möchte man am liebsten dort bleiben. Am besten bis zur nächsten Eiszeit.

Was macht euch so besonders?

Wir fahren eine andere Linie beim Buschenschank mit ganz vielen Spezialitäten. Da ist vieles von unserem eigenen Wollschwein dabei und es gibt immer wieder neue Produkte, die Freude machen. Wir haben immer schon gerne genossen – und da wir ein gutes Gespür dafür haben, was gut ist, teilen wir das auch gerne mit anderen. Der Hof samt Namen stammt aus der Mitte des 18. Jahrhunderts. Inzwischen ist der Vulgo-Name des Hauses auch auf uns übergegangen. Wir identifizieren uns damit, natürlich wollten wir dann auch so heißen. So ist Krispel inzwischen zu unserem Familiennamen geworden. Irgendwann haben wir dann noch gemeint: Wir machen Zimmer zusätzlich zum Buschenschank. So ist das alles entstanden.

Kann man bei euch die Kalorien auch wieder verbrennen?

Man kann kleinere und größere Verdauungsrunden gehen. Die kleinste führt wohl zu unseren Wollschweinen, gleich über die Straße. Ansonsten kann man eine halbe Stunde unterhaltsam unterwegs sein.

Wie hat sich die Oststeiermark in den letzten Jahren kulinarisch entwickelt?

Da ist wirklich viel passiert. Der Wein und die Kulinarik haben sich Hand in Hand entwickelt. Vorm Jahr 1993 hat es eigentlich gar nichts gegeben rundherum. Doch die Region war im Aufbruch und Unternehmen, die heute Leitbetriebe sind, haben sich angesiedelt, beziehungsweise mit ihrer Arbeit begonnen. Der Stöcklwirt, der Steirawirt, die Saziani Stub'n, Zotter, Gölles und einige andere haben viel für das Image der Region getan und gezeigt, welche Möglichkeiten es gibt. Früher hatte jeder selbst eine Selch, heute fährt man zum nächsten Buschenschank, um Fleisch zu essen. Das hat sich nunmal so entwickelt.

Ihr seid sehr erfinderisch. Was sind eure neuesten Errungenschaften?

Durch den Neusetzer, den wir im Basaltstein reifen lassen, hatten wir die Idee, auch unseren Wein in diesem Stein zu produzieren. Ein spannendes neues Projekt. Außerdem kocht Toni nun jeden Mittwoch auf Vorbestellung einzigartige Menüs, in denen natürlich der Neusetzer immer eine Rolle spielt.

Wir empfehlen von der Karte: Krispels Brettljause, Carpaccio vom Neusetzer und den Wollschweingenuss.

TIPPS VON TONI & DANIELA:

- Bulldogwirt in Hof bei Straden
- Hotel Eder in St. Kathrein
- Rauch-Hof in Stainz
- Malerwinkl in Hatzendorf

Weingut Krispel

Neusetz 29
8345 Hof bei Straden
03473 7862
www.krispel.at

Des Erzherzogs Grüner Salon

ZEIT ANHALTEN KANN GLEICHENBERG GANZ GUT. OB DIE ENTSCHLEUNIGUNG FÜR DIE ZAHLREICHEN STUDENTEN UND SCHÜLER, DIE HIER IN RICHTUNG GASTRONOMIE AUSGEBILDET WERDEN, AUCH EINTRITT, IST ALLERDINGS FRAGLICH. FÜR DIE GÄSTE, DIE HIER AUF KUR SIND, WIRKT SIE ALLEMAL. ACHJA. KUR HEISST HIER ÜBRIGENS NOCH CUR. SO VIEL ZUM THEMA ZEIT ANHALTEN.

Ria Mang ist zu 200 Prozent Gleichenbergerin. Seit sie lesen kann, saugt sie alle Informationen auf, die mit Geschichte zu tun haben. Und ein paar davon hat sie an uns weitergegeben. In Führungen durch die Thermalstadt, die man ab sechs Personen buchen kann, gibt sie auch einiges preis. Doch wer sich wirklich ins alte Gleichenberg einlesen will, der kann in einem ihrer vier Bücher schmökern. Ihr Name mutet zwar asiatisch an, allerdings ist Ria waschechte Oststeirerin und hat damals noch in der Drogerie »König« in Feldbach ihre Ausbildung gemacht. Die Abendmatura bestand sie zwar mit Bravour und wollte dann auch Juristin werden, allerdings meinte ihr Mann: »Ein Jurist in der Familie ist genug.« So widmete sie sich der Auf- und Ausarbeitung sämtlicher Daten rund um Gleichenberg. Anzutreffen ist sie im ehemaligen Trinkpavillon, der heute Museum ist. Der Name »Ria« stammt übrigens von Maria – nur dass diese Frage einmal aus der Welt geschafft ist und alle jetzt beruhigt weiterlesen können.

Grüne Lunge

Rias Augen beginnen zu leuchten, wenn sie vom historischen Gleichenberg erzählt, das noch in der ersten Hälfte des 19. Jahrhunderts vom Sumpfgebiet zum freundlichen Curort verwandelt wurde. Bald wurde dann auch der wunderbare 20 Hektar große Curpark angelegt, der heute mit Eichen, Platanen und sogar Mammutbäumen einige exotische Baumfreunde zu bieten hat. Einst wurde der Park als »Grüner Salon« bezeichnet und war Austragungsort von zahlreichen Trinkcuren. Gekrönte Häupter und allerlei brisante Persönlichkeiten der Donaumonarchie kehrten hier ein. Darunter waren auch Peter Rosegger oder Franz Ferdinand. Der Park inspiriert bis zum heutigen Tag, denn auch der norwegische Architekt, der die Therme renoviert hat, stellte

Die Delikaterie

Kaiser-Franz-
Josef-Straße 5/Top4
8344 Bad Gleichenberg

0664 310 24 20

www.delikaterie.at

eigentlich nicht das feuchtfröhliche Gebäude, sondern den grünen Park in den Vordergrund. So hat man im Thermencafé wirklich den Eindruck mitten in den Bäumen zu sitzen.

Alles neu im Herzen

Hin und wieder muss man sich auch den Gegebenheiten anpassen. Kein Ort passt derzeit besser auf diese Beschreibung als Gleichenberg. Denn zuerst kam die Renovierung der Therme (Achtung, Geheimtipp! Eine der günstigsten + schönsten im ganzen Thermenland!) und nun wurde auch noch der Hauptplatz auf Vordermann gebracht. Die Villa Albrecht, die mit ihrem rosa Antlitz fast das Vorbild von Wes Andersons »Grand Budapest Hotel« hätte sein können, wurde ebenso renoviert, wie einige andere historische Gebäude. Mittendrin steht die »Delikaterie«, die mit ihren regionalen Produkten und einer wahnsinnig großen Auswahl an Frühstücksvariationen zum richtigen »Pickenbleiber« werden kann. Und dadurch, dass sich die vielen Studenten der Fachhochschule unter das Curvolk mischen, wirkt Bad Gleichenberg auf den Besucher gleich wie ein junger, sympathischer Ort.

Active Beauty

Nicht nur Entspannung bringt etwas für die Schönheit, sondern auch die liebe Bewegung. Zugfreunde können sich ja mit dem »Dschungelexpress« an Bad Gleichenberg anbahnen. Ein 19,8 Kilometer langer Wanderweg, der mehr oder weniger an den Schienen verläuft, wird zum individuellen Wanderweg, bei dem man immer wieder von »pedes« auf Lok umsteigen kann. Der Walderlebnispfad bietet dann schon weniger Möglichkeit zum »Schummeln«, ist aber von guten Wanderern in zweieinhalb Stunden erledigt. Für Pärchen aller Alters- und Verliebtheitsgrade bietet sich die Herzspur mit 12 Stationen an, wo man die Liebe immer wieder aufs Neue beweisen kann.

Kürbishof Koller

Weinberg 78
8350 Fehring
03155 3414
www.kuerbisatelier.at

Shopping Queen

AB ZUM KÜRBISHOF

Im Kürbisatelier von Johann Koller regiert die Farbnuance »Schwarzes Gold«, denn das Kürbiskernöl gibt hier den Ton an.

Man kann schon echt neidisch werden bei dem Ausblick, den man vom Kürbishof der Familie Koller aus genießt. Also, Weinberg 78, echt keine schlechte Adresse! Lechz…Und was uns sehr gefällt: Die Kollers lassen einen an Augen- und Gaumenschmaus teilhaben, denn für kürbisaffine Besucher steht die Hoftür weit offen. Tretet ein! Tretet ein!

Zack – rein in den Hof – kann man sich im Kürbis-Wunderland umsehen. Entweder man zückt die Shopping Bag und deckt sich mit Knabberkernen, Pesto, Kürbis süß-sauer, Chutney und Schmalzdelikatessen ein oder man lauscht mit gespitzten Ohren den Ausführungen von Kürbis-Boss Johann und kostet sich dabei gegen einen kleinen Unkostenbeitrag durch die Produktpalette.

Auf Anmeldung stellt man sich ins Atelier und macht bei einer Kürbisnudel-Pesto-Session mit. Dazu gibt es ein Glaserl Wein und der Ausblick – ja – der ist immer noch fein.

TIPPS:

- Die Veranstaltung »Most + Jazz« in Fehring
- Die Unterkünfte »Weinberg 12« und »Landhaus FühlDichWohl«
- Die Lokale »Stadtkeller« und »bruchmann's« in Fehring
- Malerwinkl in Hatzendorf

Besuch bei der alten Dame

MEINE ERSTEN ERINNERUNGEN AN DIE RIEGERSBURG IN DER NÄHE VON GRAZ SIND ALLE UNWEIGERLICH MIT MEINER OMA VERBUNDEN. MEINE OMA HAT NÄMLICH ALS SIE KIND WAR EIN GANZ BESONDERES PRIVILEG GENOSSEN. SIE DURFTE MIT IHREN FREUNDEN RICHTIG RITTER UND BURGFRÄULEIN SPIELEN. UND ZWAR GANZ ALLEINE, OHNE AUFSICHT, DENN IN IHREN KINDERTAGEN WAR DIE RIEGERSBURG NOCH KEIN ZIEL DER STEIERMARKTOURISTEN, SONDERN EINFACH EINE ALTE BURG, DIE HOCH AUF EINEM ERLOSCHENEN VULKAN SASS.

Schon als ich ganz klein war, faszinierten mich dieser hoheitliche Bau, die Geschichten vom Eselssteig und natürlich die Geschichten meiner Oma. Wobei sie das Buch, in dem es um die »Gallerin« ging, die übrigens auch Katharina hieß, ganz weit weg vor mir verstecken musste. Vor manchen Büchern hatte ich nämlich Angst als Kind. Vor manchen habe ich auch heut noch Angst.

Der schönste Aufstieg...

...wird damals wie heute mit einem gespritzten Apfelsaft (a.k.a. Apfelschorle) belohnt. Vorbei an Weinreben, durch die einzelnen Burgtore, immer weiter auf den Vulkan hinauf – irgendwo hier mussten sich meine Großeltern verliebt haben, denke ich mir. An heißen Tagen fragt man sich, wie es die Menschen nur früher geschafft haben, diese Burg überhaupt hoch droben auf dem Fels zu bauen. Wo man schon beim Besteigen eine Schweißspur hinter sich lässt, die an den zurückgelegten Pfad einer Schnecke erinnert. Doch ist man erst mal oben, das kühle Getränk in der Hand, sind alle Strapazen vergessen und man genießt die fabelhafte Aussicht übers oststeirische Hügelland, das manche auch Vulkanland nennen.

Einzug der Moderne

Meine Oma hat mir noch von dem Türkeneinfall erzählt und von der eisernen Jungfrau (einer Art silbernem Sarkophag, mit genügend gespitzten Pfosten, in den Menschen zur Folter gesteckt wurden). Keine Angst: Die eiserne Jungfrau gibt es zwar wirklich, aber laut ziemlich verlässlichen Quellen wurde hier nie ein Mensch aufgespießt. Meine Oma erzählte weiter von den Völlereien der Ritter, tagelangen Festen und auch heute noch kann man die Toilette erkennen, deren Inhalt aus etwa 50 Meter Höhe direkt in den Burggraben geflogen ist. Das sind die mehr oder weniger mittelalterlich romantischen Vorstellungen, die ich mit der Riegersburg verbinde. Doch vor einigen Jahren wurde die Burg eindeutig entstaubt. Da errichteten sie doch tatsächlich einen Lift. Einerseits für die Faulen – was ich völlig unnötig finde, andererseits für die Gehbehinderten – was mir natürlich einleuchtet.

Action Hero

HAST DU ES SCHON EINMAL AUF VULKANFELSEN GEMACHT?

Die Rede ist vom Klettern! Wo ein Fels ist, da ist auch meistens ein Weg. Den bahnt man sich entweder auf dem Klettersteig oder auf diversen Kletterrouten des Vulkanfelsens, der die thronende Burg aufgesetzt bekommen hat. Wer keine Lust auf echte Felsen hat, der kann sich auch im Hochseilgarten gleich beim Burglift austoben. Flying Fox und 13 andere Übungen halten zwei Stunden auf Trab. Danach noch ein wanderbarer Aufstieg auf die Riegersburg und das Bewegungssoll für den Tag ist erfüllt.

Naturbursch Training auf der Burgwiese beim Lift

8333 Riegersburg
beim Burglift
0680 20 49 449
www.naturbursch-training.at

Für den Hunger nach dem Auf- und Abstieg:

Seehaus Riegersburg
Riegersburg 205
8333 Riegersburg
03153 72106
www.genuss-riegersburg.at

Perfect Click

RIEGERS-BURG

Ein altes Gemäuer hält allerlei Überraschungen bereit. Am besten nimmt man die Kamera auf den steinigen Weg hinauf zur Burg mit und achtet beim Aufstieg auf jedes noch so kleine Detail. Durch die Luken kommt ein wenig Licht, ansonsten ist es komplett düster: Ein gefundenes Fressen für einen Detailshot. Auf- und Ausblick laden gleichermaßen zum Klicken ein. Auf dem Weg hinauf trifft man auf Weinstöcke und wenn man vor Ort die Greifvogelschau besucht, kann man sogar noch das Tele auspacken und ein paar Actionshots machen. Stylish sind auch die rot-blau bemalten Balken der Burg.

Fromagerie zu Riegersburg

Bergl 2
8333 Riegersburg
0660 2521811
www.thecheeseartist.at

Food Lover

IN DER KÄSEKUNST-WERKSTATT

Was man für Cheese Lover alles zaubern kann und wie zauberhaft das gleichzeitig aussieht! Tatatata: Die Fromagerie zu Riegersburg!

Bernhard Gruber hat dem stinknormalen Industriekäse Lebewohl gesagt und ist Käsedesigner geworden. Das heißt, er schnappt sich den Käse im sogenannten »grünen Stadium« und startet mit ihm in einen Reife- und Veredelungsprozess der Sonderklasse. Denn stinknormal soll da mal gar nichts sein.

Vom Rohmilchbrie bis zum blütenübersäten Riesenhartkäselaib, man traut weder seinen Augen noch den Geschmacksknospen, wenn sie einem hinknallen, in welch unterschiedliche Gewänder der Rohling schlüpfen kann. Die Tür der Fromagerie steht für kleine und große Verkostungen, Führungen und für die sogenannte »Käse-Wein-Harmonie« offen. Diese Türschwelle sollte man mal übertreten haben!

TIPPS:

- Wein von Simon Engel in Tieschen
- Radtour St. Anna – Tieschen – Bad Radkersburg
- Steirawirt in Trautmannsdorf bei Bad Gleichenberg

MAN SIEHT SICH UM UND STEHT MITTEN IM SCHWEINESTALL. UND EIGENTLICH FÜHLT MAN SICH DABEI SAUWOHL.

Food Lover

SCHINKEN-HIMMEL

In Auersbach gibt es Schweine, die auf die Butterseite des Lebens gefallen sind. Sie genießen bestes Futter und hören noch dazu Mozart und Rockmusik. Dass sie einmal zum sogenannten Vulcano Schinken werden, ist »part of the deal«. Die Geschichte, wie das geschieht und warum das so ist, erfährt man vor Ort.

Und täglich grüßt der Schweinehaxen. Fährt man in Auersbach den Hügel zum Vulcano Hof hinauf, erblickt man schon von der Ferne einen überdimensionierten Schinken. Man ist also richtig. Ein riesiger Verkaufsraum ermöglicht auch den Kauf eines Tickets ins Schweinemärchen. Dies heißt weniger »Wurst im Glück« oder »Tapferes Schnitzel«, sondern eher »Bettina, Franz und ihre Schweine« und ist sogar wahr geworden. Erzählt wird es uns von Folke Tegetthoff in Filmform. Danach geht's über Schautafeln weiter und schließlich ist man direkt Aug' in Aug' mit den Steckdosennasen. Man sieht sich um und steht mitten im Schweinestall. Und eigentlich fühlt man sich dabei sauwohl.

Die drei großen Schinken

Wir erzählen nicht die Geschichte von drei kleinen Schweinchen, sondern von drei großen Schinken: Da wären die zwei altbekannten: Serrano aus Spanien und San Daniele aus Italien und dann eben noch das »Novum«, das unter Kennern längst keine Neuigkeit mehr ist, sondern etwas Unverzichtbares: Der Vulcano Schinken, der in Wacholder, Koriander, Rosmarin und Meersalz gekleidet, wunderbar reift. Dabei kann man ihm sogar zusehen. Und dann fühlt man sich sofort wie im Schinkenhimmel. Nach Tegetthoff, Mozart und Meersalz kommt dann der Gaumen zum Zug und kostet sich im Rahmen der Führung durch ausgewählte Spezialitäten, die bis zur Salami, dem Trüffelfilet und Früchten im Speckmantel reichen.

Vulcano Fleischwarenmanufaktur
Eggreith 26
8330 Auersbach
03114 2151
www.vulcano.at

MUSEUM

Fürstenfeld

KAUM EINE ANDERE STEIRISCHE STADT WIRD SO LEIDENSCHAFTLICH BESUNGEN (STS!) UND TROTZDEM BLEIBT MAN OFT LIEBER »DAHAM«... WARUM NICHT DAS BEKANNTE TERRAIN VERLASSEN UND DER CITY IM OSTEN EINEN BESUCH ABSTATTEN?

An der plätschernden Feistritz gelegen, fließt in den Köpfen vieler beim Namen Fürstenfeld eher warmes Thermalwasser. Rundherum ragen nämlich so Granden wie Loipersdorf, Bad Blumau und Bad Waltersdorf aus dem Vulkanlandboden. Bevor man sich aber den Bademantel umschnallt, kann man die Thermenhauptstadt erkunden.

Bei einem Erkundungstrip nach Fürstenfeld darf dann der Besuch der alten Dame »Pfeilburg« nicht fehlen. In diesem markanten Gebäude waren die erste Tabakfabrik Österreichs, später eine Schule, eine Kaserne, ein Militärspital und ein Armenhaus untergebracht. Heute ist die Pfeilburg für verschiedene Ausstellungen (auf Wunsch mit Führung) zugänglich.

Unweit der Pfeilburg wird flink gefädelt. Es gibt kein Halten vor Stoff, Wolle, Filz und Co und somit kann im Geschäft unter so schönen Dingen wie Gute-Nacht-Eulen, Bauchweh-weg-Schildkröten oder Lavendelkätzchen ausgesucht werden. Wer gerne selbst Hand an die Nadel legen möchte, kann sich im Geschäft »Flinker Faden« zu Kreativkursen anmelden.

Genug genäht. Es ist höchste Eisenbahn für Kaffee, Pralinen und Kuchen in der Thermenkonditorei »Ulreich« am Hauptplatz. Danach besser ein paar der frechen Kalorien am Festungsweg oder bei einer schnellen Ritterorden Radl-Tour wieder loswerden. Und dann noch eine Audioguide-Stadtführung drauf! Genug gesehen und geschehen, um sich daraufhin entspannt in die Thermal-Fluten zu werfen.

Action-Hero-Tipp:
Die Kletterhalle »climb&more«!

TIPPS:

- Gasthaus Haberl in Walkersdorf für gutes Essen
- Fink's Delikatessen um das selbst Gekochte zu verfeinern
- Bauernbrot vom Bäcker aus St. Johann bei Herberstein

Mostschenke Brunner

Dambach 13
8262 Ilz
03385 586
www.mostschenke.com

Shopping Queen

DA HOLT DER BARTL DEN MOST

Es gibt Orte, da fühlt man sich sofort wohl. Die Mostschenke Brunner in Ilz (gesprochen: »Üts«) ist so einer. Im gemütlichen Gastgarten kostet man sich durch den glasklaren Most und überzuckert das Mostschenken-Erlebnis dann mit einer hausgemachten Mehlspeise.

Wie lautet eure Geschichte?

Wir haben 1999 von der Pike auf begonnen. An dem Ort, wo heute unsere Mostschenke steht, war früher ein Bauernhaus. Unser Plan war mit dem Apfel was zu machen, da wir ja gleich im Apfelland liegen. Ein hohes Qualitätsniveau war von Anfang an der Anspruch und wir sind über die Jahre sowohl der Qualität als auch dem Apfel treu geblieben.

Warum hat der Most oft ein schlechtes Image? Und warum hat er das nicht verdient?

In den Köpfen der Menschen ist Most oft dieser naturtrübe Saft, der eben immer schon getrunken wurde. Most war früher eine Möglichkeit, Reste zu verwerten. Heute hingegen ist er eine Selektion. Most ist ja nichts anderes als Apfelwein. Wir stellen ihn mithilfe modernster Kellertechnologie her. Allerdings wollen wir trotzdem bei der traditionellen Bezeichnung bleiben. Wir haben aber auch Produkte wie Cider im Angebot.

Wie unterscheidet ihr euch von einem Buschenschank?

Erstmal haben wir keinen Wein, sondern Most. Was aber nicht heißt, dass man bei uns keine Verkostungen machen kann. Die sind von unserer Seite sogar sehr erwünscht, da man dann die Bandbreite des modernen Mosts kennenlernen kann. Zusätzlich bieten wir als Dipl. Fleisch-Sommeliers von uns veredeltes Fleisch an. Außerdem haben wir auch Kaffee und feine Mehlspeisen auf der Karte. Der süße Abschluss ist also gesichert.

Kann man bei euch auch warm essen?

Auf Vorbestellung: Ja! In unserem Keller haben wir einen eigenen Raum für größere Verkostungen eingerichtet. Die gehen dann mit guten Vorspeisen, warmen Köstlichkeiten wie »Surbraten« und Nachspeisen einher.

-sonja und günter-

ER HAT DIE DEMUT AM ACKER GELERNT UND KNIET SEITDEM NIEDER VOR DER GEBALLTEN KRAFT DER KRÄUTER.

es tut sich was...

...IN ST. MARGARETHEN AN DER RAAB. AUS DEM MUND EINES EINHEIMISCHEN: »WAHRSCHEINLICH SIND WIR EINFACH EINE ANSAMMLUNG VON LIEBENSWERTEN SPINNERN«. SCHAU MA MAL!

Der erste dieser sehr liebenswerten Vögel ist sicher mal Bernd Fink, der Herr Apotheker. Er hat die Demut am Acker gelernt und kniet seitdem nieder vor der geballten Kraft der Kräuter. Die zweieinhalb Hektar Land der Großeltern waren da der perfekte Spielpatz, um zusammen mit Frau Elisabeth und mittlerweile auch den Kindern das Theoretische aus dem Pharmaziestudium mit den eigenen Händen begreifen zu können.

Denn es werden dort nun schon seit 1994 Kräuter angebaut, seit 1998 nach den Bio-Richtlinien, und diese dann als Tees, Gewürze und geheime Zutat für Kräutersalze und Kaufmann-Eistees unter die Leut' gebracht.

Die Apotheke hat der umtriebige Oststeirer, der seine Heimatregion früher als »Appendix der Steiermark« wahrgenommen hat, auch gleich in einen großen Marktplatz umgewandelt. Denn er ist überzeugt, dass »eine Apotheke ganz einfach mit den Lebensmitteln anfangen muss, da der Gesundheitsbegriff auch mit der Ernährung beginnt.« Da war die Konzession zum Greißler also nicht weit und Lebensmittel in der Apotheke sind seitdem ein Fixum.

Seit 2000 gibt es in der Apotheke St. Margarethen auch von Bernd handgeschöpfte Seifen. Wer Seifen aus seinem Leben verbannt hat, immer zur Pump-Plastik-Variante aus dem Drogeriemarkt greift, der sollte sich das nochmal überlegen, denn die guten Stücke, die mal nach Honig, mal nach Ringelblumen riechen, bringen »every day« ein bisschen Freude nach dem Klogang oder in ähnlichen Händewaschmomenten. Könnt ihr ruhig glauben, wir haben es getestet!

Wer also wieder zum guten alten Seifenstück greifen mag, der kann gleich den Hügel rauffahren zur alten Volksschule und sich in der reizenden Töpferei Radl einen Untersetzer für das geliebte

Apotheke

8321 St. Margarethen a.d. Raab 330
03115 22065
www.apostm.at

Töpferei Radl

8321 St. Margarethen a.d. Raab 34
03115 3676

TIPPS VON BERND FINK:

- Schloss Kapfenstein mit allem was dazugehört
- Kaufmann Säfte in Feldbach
- Pfeiler's Bürgerstüberl in Feldbach
- Wippl's Hofbergstubn in Riegersburg
- Kaskögerlweg in Poppendorf (Gnas) und das Radnetz im Vulkanland
- Die Fahrt mit der Gleichenberger Bahn

Seifenstück zulegen. Dieser kommt dann in bunt – mit Blumen, Zitronen oder Punkten – daher und hat wiederum den Zusatzeffekt, dass man sich jeden Tag daran erfreut.

Die Töpferei Radl ist ganz einfach Liebe auf den ersten Blick und diese Liebe wird lang anhalten, denn wer einmal angefangen hat, von einem Radl-Tellerchen zu essen oder Tee aus der geblümten Tasse zu trinken, der wird nie wieder Schluss machen!

Vom Hügel
Werkstatt Vom Hügel
8322 Erbersdorf 1
www.vomhuegel.at

Think Twice

EIN STRAUSS VOLLER TRÄUME

Margrit Schweighofer hat ihren Traumgarten. Voll bio, voll schön. »In the middle of nowhere« bietet sie Seminare und Workshops rund ums Arrangieren von Blumen und Dekorieren an.

Im Herbst fällt das Licht golden übers Raabtal nach Erbersdorf. Den Wegweisern folgend kommt man zum Hügel, nachdem das Unternehmen benannt ist. »Vom Hügel« verspricht vieles: Einen bunten Blumenstrauß aus Seminaren, Workshops, Blumenschule, jahreszeitlichen Tischdekorationen, Blumenarrangements und Blumenkisterl.

Dahinter steht eine Frau, die sich einen Traum erfüllt hat: In ihrem Acker steckt nicht nur Liebe, sondern auch viel Arbeit. Denn alle Blumen sind bio und wenn man mitten in den Dahlien steht, dann ist man schlicht und einfach glücklich.

Die Teilnehmerinnen am aktuellen Kurs sind gerade dabei, ihren Hunger für die anschließende gemeinsame Jause zusammenzusammeln und gleichzeitig noch die letzten Sträuße zu binden. Mit viel Gefühl lenkt Margrit ihre Schäfchen durch die kreative Tätigkeit des Gestaltens.

Da fehlen die Worte

Und Gestalten, das kann sie wirklich ausgezeichnet. Wenn man in ihren Ausstellungsräumen um sich blickt, ist einfach alles stimmig und wunderschön. Über einen schmalen Weg, der vom vielen Regen etwas unter Mitleidenschaft gezogen wurde, rutscht man mehr als man geht in Richtung Blumenfeld. Zu jeder Jahreszeit erwartet einen ein anderes Farbenmeer. Aber im Herbst ist es dank Licht und Farbvielfalt wohl am schönsten. Und doch kann alles schlagartig ausgeknipst werden: »Wenn der Frost kommt, dann ist alles weg«, sagt Margrit. Trotz der nahenden Kälte strahlt sie inmitten ihres Feldes, das auch wir sofort ins Herz geschlossen haben.

Biobauernhof Scharler – & Arche Noah Vielfalter

Wetzawinkel 25
8200 Gleisdorf
0664 5063943
www.bio-scharler.at

Think Twice

SIND WIR NICHT ALLE EIN BISSCHEN BIO?

Bio-Preis Gewinner und Sarah Wiener-Spezi Walter Scharler wohnt im ländlichen Wetzawinkel, umgeben von Obstbäumen, Bauernhofkatzen und seinen Feldern, auf denen glückliche Paradeiser, Chilis, Salate und dergleichen gedeihen. Natürlich alles bio. Ganz logisch.

Warum ist dir bio eigentlich so wichtig?

Da fahre ich ganz klar eine Linie. Mir ist die Kontrolle wichtig. Ich finde »regional« viel zu wenig. Es soll auch nachhaltig sein. Da geht es um den Boden, den wir anvertraut bekommen haben. Ich bin jetzt seit 26 Jahren bio und meine Kunden wollen das auch so.

Welche Methoden kann man denn anwenden, um gegen die Schädlinge anzukämpfen?

Naja, hauptsächlich sind es die Schnecken, die ich entfernen muss. Wenn man nicht auf hochgezüchtete Sorten setzt, dann sind die Pflanzen auch nicht so anfällig. Allerdings ist der Druck auf den Boden auch nicht so heftig. Logischerweise hat man aber auch nicht so viel Ertrag. Es kann immer was daneben gehen, aber so ist die Landwirtschaft nunmal. Ich bin viel in der Gegend unterwegs und spaziere herum. Leider sind schon viele Flächen so weit, dass einfach gar nichts mehr darauf wachsen kann, nicht einmal mehr Wildkraut.

Kaufen die Menschen mittlerweile bewusster als in den 90er Jahren?

Ich habe ganz klein angefangen und bin ständig gewachsen, meiner Linie aber treu geblieben. Ich habe viele alternative Sorten von Paradeisern, Chilis und Paprika und ich muss sagen: Die Nachfrage ist heftig gestiegen. Ich kann kaum das produzieren, was ich verkaufen könnte. Alle wollen gut essen. Natürlich will niemand Chemikalien in seinem Essen haben. Was Mutter Erde gibt, tut gut und ist gesund. Wir haben ja im Moment ein Krankheitssystem und kein Gesundheitssystem mehr. Die Menschen fangen auch wieder vermehrt an, selbst einen Garten zu haben. Ich leite einen Gartenkurs und in dem sitzen 50 Prozent Beginner drin.

Wo kann man Walter Scharler treffen?

Ich stehe mittwochs und samstags immer am Gleisdorfer Bauernmarkt und freitags verkaufe ich ab Hof. Einmal im Jahr gibt es ein großes Hoffest, das ist dann immer um den ersten Mai herum.

Kochschule Grünes Zebra

Bahnhofstraße 13
8200 Gleisdorf
0681 10609814
www.grueneszebra.at

Grün kochen

IDEEN MUSS MAN HABEN – DAS GRÜNE ZEBRA IST DIE ERSTE BIO-KOCHSCHULE ÖSTERREICHS. DAHINTER STECKEN GABI GAUPER UND IRENE MÖSENBACHER, DIE IHREN JOB WIRKLICH LIEBEN. ABER: WER WÜRDE SEINEN LEBENSUNTERHALT NICHT GERNE KOCHENDER- UND GENIESSENDERWEISE UNTER FREIEM HIMMEL VERDIENEN?

Ein strahlender Samstag Vormittag hat sich über die Stadt Gleisdorf gelegt. Gleich neben dem Bahnhof steht das Haus von Gabi. Und hinter dem Haus verbirgt sich ein verwunschener Garten, in dem sich Pflanzen aller Farben und Formen nur allzu gerne aufhalten.

Die Grünes-Zebra-Ladies

Zum Pärchenkochkurs haben sich Wiener, Grazer und sogar zwei Iren eingefunden, um gemeinsam Hand anzulegen. Gabi erklärt gewissenhaft die einzelnen Arbeitsstationen, die mitten im Grünen aufgestellt wurden. Überall werden nur beste Zutaten verwendet. Regional, biologisch. So wie's sein soll. Kürbistarte, argentinisch angehauchte Empanadas und ein Fisch in der Kruste – das klingt nach einem ganz besonderen Menü.

Paradeiser sind Programm

Der Name »Grünes Zebra« kommt nicht von ungefähr – so heißt nämlich eine Paradeiser-Raritätenart. Paradeiser ist das Wort, das man in der Steiermark gemeinhin für Tomaten verwendet. Und irgendwie schmeckt die rote Köstlichkeit auch gleich besser, wenn sie den steirischen Namen trägt.

Doch da man das ganze Jahr über kochen kann und soll, haben es sich die beiden Zebradamen zum Ziel gemacht, dass sie mit ihren Kursteilnehmern die Kreativität und das Spiel mit den saisonalen Zutaten anregen. Auch die Sushi-Kochkurse sind ein ziemlicher Renner. Im Sommer wird bei Schönwetter unter freiem Himmel gekocht – zwischen kleinem Lusthäusl und Kräutergarten. Idyllischer geht's wohl nimmer.

– gabi und irene –

Rezept

Locro* – steirisch interpretiert

von der Kochschule Grünes Zebra

Zutaten:

800 g geputzter Kürbis, 300 g Erdäpfel, 500 g Rindfleisch (z.B. Brustspitz), 3 mittelgroße Zwiebeln, 2 Knoblauchzehen, 2 EL Butterschmalz, 1–2 Chilischoten, 300-500 ml Rindsuppe oder Gemüsebrühe, 1–3 Fleischparadeiser (Ersatz: 50 g getrocknete Paradeiser), 1-2 TL Oregano, 4 Lorbeerblätter, 500 g gekochte Käferbohnen (optional: 200 g gekochte Maiskörner), 3 EL Dinkelmehl, Salz, Pfeffer, Petersilie und Koriander zum Bestreuen

Erdäpfel und Kürbis je nach Sorte schälen (manche Kürbisse haben essbare Schalen). Erdäpfel, Kürbis und Rindfleisch in Würfel schneiden. Zwiebel und Knoblauch schälen, dann getrennt fein hacken. Chilischoten von den Samen befreien und ebenfalls fein hacken. Die Paradeiser in Würfel schneiden und zur Seite stellen.

Zwiebel in Butterschmalz hell anrösten. Knoblauch und Chili hinzufügen und 1-2 Minuten mitrösten. Rindfleisch dazugeben und so lange rösten, bis es grau ist. Mit Rindsuppe oder Gemüsebrühe aufgießen und die Gewürze hinzufügen. Den Eintopf ca. 45 Minuten köcheln lassen. Dann Erdäpfel und Kürbis dazugeben. Den Locro so lange köcheln lassen, bis Fleisch und Gemüse gar sind. Käferbohnen, Paradeiserstücke und bei Bedarf Maiskörner dazugeben und 5 Minuten ziehen lassen.

Lorbeerblätter entfernen. Dinkelmehl mit ein paar Löffel Wasser vermengen, unter das Gericht rühren und kurz aufkochen lassen. Mit Salz und Pfeffer abschmecken und den Kräutern bestreuen.

Rezept

Salsita mit gerösteten Paprikaschoten

Zutaten:

5 farbige Paprika, Steinsalz, 2 EL Olivenöl, ca. 80 ml Olivenöl – auch kaltgepresstes Mohnöl passt hervorragend, 2 Knoblauchzehen, 1 EL Schnittlauch (fein geschnitten), Pfeffer (im Mörser frisch zerstoßen)

Backofen auf 180 °C vorheizen. Paprikaschoten halbieren, Stielansatz, Samen und Scheidewände entfernen. Schoten in eine ofenfeste Form legen, mit Salz bestreuen und 2 EL Olivenöl übergießen. Nach ca. 20 Minuten Röstzeit sind die Paprikaschoten gar und haben eine leicht verbrannte Haut. Schoten in eine Schüssel legen, diese abdecken und zum Abkühlen beiseite stellen. Den ausgetretenen Saft aufbewahren. Die ausgekühlten Paprikaschoten häuten und in Stücke schneiden. Diese mit dem Paprikasaft, 40 ml Öl und Knoblauchzehen pürieren. Restliches Öl und Schnittlauch langsam unterrühren. Mit Salz und Pfeffer abschmecken.

Tipp:

Außerhalb der Saison wird der Paprika durch Ajvar ersetzt.

***Locro ist der traditionelle Eintopf der Andenregion Südamerikas.**

Es gibt ihn – so wie unsere Eintöpfe – in unterschiedlichsten Geschmacks- und Schärferichtungen. Der Fleischanteil ist meist gering und somit entspricht er ganz den nachhaltigen Vorstellungen der Zebraküche: hochwertiges Fleisch in Bio-Qualität als Beilage. Auch der Qualitätsbegriff bedarf einer neuen Definierung: Nicht die besten Stücke, sondern die Haltung der Tiere, macht den Wert eines Fleischstückes aus.

Buschenschank Tandl

Schattauberg 80
8211 Ilztal
0664 413 6105

Action Hero

WIR KÖNNEN LESEN!

Der Titel hat nichts mit Analphabetismus zu tun, sondern eher damit, dass uns die Familie Fink vom Buschenschank Tandl zum Weinlesen mitgenommen hat. Da haben wir wieder was gelernt!

Was wir bis dato nicht wussten: Wer gut Wein lesen will, der steht besser früher auf, weil die Trauben nur bei einer bestimmten Temperatur geerntet werden wollen. Und wenn sie das wollen, dann erfüllen wir ihnen natürlich den Wunsch. Wir kommen am Buschenschank an, der eigentlich gleich neben der Bundesstraße von Gleisdorf Richtung Pischelsdorf (oder umgekehrt, je nachdem, wo man selbst den Mittelpunkt der Welt definiert) liegt. Ein kleines Team, dem man die Verwandtschaft von den Augen ablesen kann, raucht noch die berühmte »letzte Zigarette«, bevor es dann mit Gummistiefeln, Kisten und Zangen bewaffnet zum Weingarten geht.

Das Weihnachtsgeschenk

Der Buschenschank Tandl ist in der Region rund um Gleisdorf ziemlich bekannt, denn er war der Erste und er öffnet zu Zeiten, an denen sich kein anderer Buschenschank auftut. Immer ab 26.12. geht es rund. Das ist dann für viele so eine Art Weihnachtsgeschenk und das schon seit vielen, vielen Jahren. Früher kamen die Wein- und Jausenhungrigen noch direkt in die Küche der Familie. Mittlerweile hat das Haus Zuwachs bekommen und man kann bequem, aber trotzdem heimelig zwischen den vielen Einheimischen sitzen und sein »Häuferl mit Kren« (Karree/Rippenstück mit Meerrettich) essen. Am besten trinkt man dazu im Herbst den berühmten Sturm und im restlichen Jahr eine Mischung.

Mitten im Geschehen

Wie einst Aschenputtel sind wir dabei, die Guten (Trauben) ins Kisterl und die Schlechten auf den Boden zu geben, immer darauf achtend, dass wir uns nicht mit der Zange zwicken. Denn das soll durchaus schon öfters bei Anfängern vorgekommen sein. Alles dürfen wir noch nicht herunterschneiden, denn je länger die Früchte hängen, desto besser der Wein. Der richtige Zeitpunkt spielt wieder mal die erste Geige – auch bei den Weintrauben. Und so bemühen wir uns, jede braune Stelle zu erspähen und tunlichst vom Rebstock zu entfernen. Die Arbeit in der Morgensonne war so schön, dass sie auch bald schon wieder vorbei war und dann sammelten wir bei Wurstsemmel und Sturm noch ein paar Sommersprossen auf unseren Nasen.

POST

Der Naturpark Almenland mit Anhängsel

125 ZUSAMMENHÄNGENDE KLEINE UND GRÖSSERE ALMEN, DAS MUSS MAN SICH MAL VORSTELLEN. WILLKOMMEN IM WANDERPARADIES EINE STUNDE VON GRAZ ENTFERNT.

Also, Wanderstiefel auspacken und am besten mit der Bärenschützklamm beginnen! Die Wanderung ist DER Klassiker der Region. Oben, wo die Klamm einen wieder ausspuckt, kann man entweder jausnen und zum Ausgangspunkt zurückgehen oder auf den 1.720 Meter hoch gewachsenen Hochlantsch weitergehen. Und wer nach dem Hochlantsch-Gipfel noch immer kein müder Knochen ist, geht über die Teichalm zum Ausgangspunkt der Wanderung zurück. Dann hat man sich 22 Kilometer in die nun sicher müden Glieder eingespeichert.

Die Genießer unter uns fühlen sich in Passail recht wohl. Kein Wunder, wird hier auch 100 Meter tief im Berg Stollenkäse zum Reifen gebracht. Man kann sich das selbst anschauen und ist herzlich zu einer kulinarischen Erlebnis-Führung eingeladen.

Die Familie Kreiner hingegen widmet sich mit Hingabe dem fleißigen Bienenvolk und hat Interessantes über Hochzeitsflug, Gelee Royal und mehr zu erzählen. Wir haben gespannt gelauscht und hatten eine der interessantesten Bio-Stunden ever.

Als Shopping Queens mussten wir uns hart zwischen Honig mit Aronia, Honig mit Nougat und ähnlich genialen Kombinationen entscheiden.

Wir nehmen es jetzt nicht ganz so genau mit der Naturpark-Einteilung und schummeln Birkfeld und Anger einfach mal dazu. Die sind nämlich eigentlich im Fall von Birkfeld im Jogl- und im Fall von Anger im Apfelland zu Hause. Aber in Zeiten der Gemeindezusammenlegung darf man da nicht so streng mit uns sein. Als erstes hineingeschmuggelt wird der Gallbrunner mit seinem Troadkasten. Der willkommene Besucher kann hier typisch steirisch schmausen, sich draußen beim Brunnen auf die Wirkung des besonderen Wassers einlassen oder im ehemaligen Getreidespeicher alias Troadkasten schlummern.

Unvergleichlich ist das Kuhcafe in Piregg bei Birkfeld: Mit Blick auf die kleinen und großen Wiederkäuer kann man hier einen Alpenexpress oder Kaffee Kuhl zischen.

Essenszeit

In Anger lädt das Posthotel Thaller tagsüber zu Mittagsmenüs und steirischen Klassikern, bevor Luis Junior das Ganze abends mit Gourmet-Hauben krönt. Nicht jeder Abend ist Luis-Time, normalerweise am Dienstag, Freitag und Samstag, aber da bitte vorher schlaumachen. Selbe Straße, gleich gegenüber, steht das Traditionsunternehmen Seidl, wo man sich Dirndl und Lederhose mal aus nächster Nähe anschauen kann.

TIPP:

- Das Natura2000-Europaschutzgebiet namens Raabklamm

DIE BRAUEREI GRATZER

Er wird bei Energy Awards in der Kategorie Erde ausgezeichnet und bürgt für CO2-Neutralität. Noch dazu hat er schon seit dem 15. Lebensjahr viel Spaß am Bier brauen, der Alois Gratzer.

Dieser Spaß drückt sich allein schon in der Namens- und Bildgebung der Biersorten aus. So gibt es deshalb das Bier Johann, da es Igel Johann war, der als erster zum Trinknapf mit dem Naturbier ging und davon kostete. Eichhörnchen Friedrich hingegen zeigte sich interessiert an einem leichten Sommerbier und dient seitdem als Namensgeber dafür. Ob es seitdem noch weitergetrunken hat, wissen wir nicht.

Es gibt keinen Ab-Hof-Verkauf, dafür einen Online-Versand über mybier.at. Offline wiederum kann man sich in diversen Supermärkten und Feinkostläden die hölzerne Bierkiste auf die Schulter stemmen und lustig damit heim marschieren. Es ist schon möglich zum Hof fahren, aber es gibt nur eine begrenzte Anzahl von Führungen im Jahr. Daher bitte vorher nachfragen, ob das Kontingent nicht ‚gach' schon ausgeschöpft wurde.

Brauerei Gratzer
Obertiefenbach 26
8224 Kaindorf
0664 3023344
www.brauereigratzer.at

Extrablatt: Schwammerl suchen

DIE SIEBEN GOLDENEN REGELN, DIE AUS DIR EINEN GUTEN SCHWAMMERLSUCHER MACHEN.

1. The early bird catches the mushroom

Was? Du hast dieses Sprichwort noch nie gehört? Hier in der Steiermark ist es allerdings gang und gäbe früh aufzustehen und in den besten Schwammerlwald zu fahren, denn sonst sind die guten Schwammerl schon weg und nur die wurmigen und mickrigen bleiben über. Und wir wollen doch immerhin das beste Risotto daraus machen, oder?

2. Mach es wie Columbus!

Begib dich an einen Ort, wo noch niemand zuvor Schwammerl gefunden hat. Hierzulande hat jeder Schwammerlsucher seine eigenen Plätze, die er immer wieder aufsucht und kaum jemandem verrät. Schwammerlsucher wollen nicht teilen. Das kannst du dir gleich einmal hinter deine grünen Ohren schreiben. Aber vielleicht kannst du ja irgendwelche Tipps aus den Einheimischen herauskitzeln. Oder du gehst mit dem richtigen Riecher auf eigene Faust los.

3. Achtung! Lebensgefahr!

Ein Schwammerlsucher, der lange leben will, sollte wissen, was essbar ist und was nicht. Darum informiere dich über alle Eigenschaften, die die essbaren Pilze so haben und zu welchen Zeiten sie zu finden sind. Tipps kannst du bei Experten, in Büchern oder im neumodischen Internet holen.

4. Equipment is everything!

Einen Schwammerlsucher erkennt man an den guten Schuhen, dem Korb, seinem Taschenmesser und – im fortgeschrittenen Alter – an der Brille.

5. Der Wald ist dein Freund.

Und damit das auch weiter so bleibt, hinterlasse den Ort des Fundes so, wie du ihn vorgefunden hast. Das heißt: Du schneidest den Pilz etwa auf Bodenhöhe ab, putzt ihn gut und ordnest den Rest dann schön wieder so hin, als wärst du und der Schwamm nie dagewesen.

6. Die liebe Gier

Es soll Tage im Leben eines Schwammerlsuchers geben, an denen er sich fühlt wie ein Lottogewinner. Allerdings reicht es, wenn du einen Korb voller Schwammerl mit nach Hause nimmst. Im Moment sind zwei Kilo pro Tag erlaubt.

7. Halt di Goschn!

Der Wald hat seine eigenen Regeln und wie beim Wandern, solltest du auch beim Schwammerl suchen nicht durch die Gegend schreien. Die Rehe und Hasen werden es dir danken.

Hirschbirn County

IN PÖLLAU DREHEN SICH DIE GEDANKEN GERN UM DEN BIS ZU 200 JAHRE ALTEN BIRNENBAUM. UND DAS IST AUCH VERSTÄNDLICH, DENN DIE ALTE SORTE GIBT ES GAR NICHT MEHR OFT.

So wäre der Action Hero schon flott am Hirschbirnwanderweg unterwegs, der Food Lover würde sich gerade eine Hirschbirn-Leberkässemmel vom Buchberger in den Rachen schieben, die Shopping Queen hätte das Körberl bereits rappelvoll mit Hirschbirnensaft und Hirschbirnengelee und die, die gut nachdenken freuen sich einfach darüber, dass das von Hirschbirnenbäumen übersäte Pöllauer Tal zum Naturpark erkoren wurde und will am liebsten sofort bei einem der Workshops reinplatzen.

Na also, die Buch-Kategorien wären schon mal beschäftigt. Was machen wir zwei mit dem angebrochenen Text? Vielleicht gehen wir weiter in Richtung Pöllau Ort um die Konditorei Ebner kennenzulernen. Dort gibt es original handgemachten Lebkuchen und drinnen wie draußen ist der Ebner ein Platzerl zum Hängenbleiben, Kaffeetrinken und Torten naschen. Genau deshalb gehen wir gleich weiter zum gut sortierten Bauernladen am Hauptplatz.

Danach geht es auf nach Pöllauberg. Pöllauberg ist eine Pilgerstätte und der Ausblick von dort oben ist gewaltig. Sollte es einen total umhauen, kann man sich im Berggasthof König stärken. Von oben sieht man übrigens auch perfekt auf den »Steirischen Petersdom«, das gewaltige Schloss Pöllau.

Die Città slow

HARTBERG GILT ALSO ALS BESONDERS LEBENSWERTE STADT. DAS KÖNNEN WIR SCHWER BEURTEILEN, ABER WIR SCHAUEN MAL NACH, WAS SIE ZUMINDEST BESUCHENSWERT MACHT.

Man könnte zum Beispiel beim 5.000 Quadratmeter großen Gartenatelier »bellabayer« vorbeischauen und bei Führungen mitmachen, Shopping Queen sein beziehungsweise einfach den Schaugarten auf sich wirken lassen. Im Naturschutzgebiet Hartberger Gmoos finden viele Vögel und Tiere ihre Ruhe, vielleicht der Besucher beim Erwandern auch.

Kaffeejunkies können sich ins Café »Die Sonne« setzen und die Hartberger Altstadt auf sich wirken lassen. Kulinarik-Fans gehen vielleicht zum Gasthof »Zur Lebing Au« von Familie Pack. Ins Geschäft »A' bisserl Oanders« geht man zum Gustieren und um Schönes und Gutes aus der Toskana zu finden. Und um mit Geschäftsbesitzerin Monika zu tratschen. Wer lieber zuhört als plaudert, der sollte bei einer Altstadt- oder der guten alten Nachtwächterführung mitmachen. Wem der Tag zu lang geworden ist, der kann sich im »Hotel Alter Gerichtshof« einquartieren. Dort kann man übrigens auch als Nicht-Übernachtungsgast zum Frühstück im ehemaligen Gerichtssaal reinschneien.

SCHLEICHWERBUNG:

Sonnenbrillen schauen bei Optik Bachernegg.

Übrigens auch ein guter Ort für Abhilfe, falls dir unsere Schrift zu klein ist!

Shopping Queen

KERAMIK SAUSTALL

Wir haben Keramik-Meisterin Petra Saurugg in ihrem »Saustall« in Hartberg auf ein kurzes Interview getroffen.

Wieso ein Saustall-Keramikwerkstätten-Besuch?

Bei mir im Verkaufsraum kann man sich zum Beispiel nach Schmuck wie Ohrringen oder Ketten, nach Schüsseln, Spiegeln, Übertöpfen oder diversen Kunstwerken umsehen. Außerdem gibt es auf Anfrage Kinder-Töpferkurse.

Hast du ein paar Hartberg-Tipps für uns?

Es ist schön, über die Brühl auf den Ringkogel raufzuwandern. Der Rundweg um die Warte und die Aussicht sind toll. Es lohnt sich sicher auch zum Winzerfest oder zum Adventmarkt in die Hartberger Altstadt zu kommen. Ein Tipp für Graz wären die »Claydays« am Karmeliterplatz.

www.keramik-saustall.at

NATIONAL

Graz & der Westen

Die grosse Stadt und das nach Kärnten schauende West-Country haben Platz für Modernes, Traditionelles, Liebevolles, Uriges, Künstlerisches und doch auch für viel Gegend. Graz ist die Studentenstadt mit Cafés, Kulturhöhepunkten, Mur-Surfern, Pizzabaukästen, Parkhouse-Sitzern und englischem Kino. Die westlichen Lande geben dem Schilcher, den Lipizzanern, Kor- und Gleinalpe, Käseprofis und der Hundertwasser-Kirche Heimat.

Antiquitäten

FROHNLEITEN
GRATKORN
BÄRNBACH
GRAZ
VOITSBERG
UNTERPREMSTATTEN
KÖFLACH
LIGIST
STAINZ
FRAUENTAL
DEUTSCHLANDSBERG
SOBOTH
EIBISWALD

DER WESTEN

Graz – Mur du allein...

...WIRST IMMER DIE STADT UNSERER TRÄUME SEIN. SO ODER SO ÄHNLICH KÖNNTE MAN DIE STEIRISCHE HAUPTSTADT BESINGEN. WIR BESCHRÄNKEN UNS ALLERDINGS AUF DAS, WAS WIR BESSER KÖNNEN UND BESCHREIBEN DIE MURMETROPOLE MIT ALL IHREN ECKEN UND KANTEN, CAFÉS UND GASTHÄUSERN, STUDENTEN UND PENSIONISTEN.

Die Stadt Graz mag auf manche vielleicht provinziell wirken. Mit den etwas über 260.000 Einwohnern ist sie ja wirklich keine Weltmetropole und hat nur einen Bruchteil der kulturellen und gesellschaftlichen Möglichkeiten, die etwa Wien, Hamburg oder Berlin bieten. Doch genau diese praktische Größe ist es, die die Stadt zu einem angenehmen Lebensmittelpunkt macht. Nicht nur, dass die Stadtgrenzen von Graz bald überschritten sind und gegen die grünen Hügel der Umgebung ausgetauscht werden, die dann »per pedes« oder »per cycle« erkundet werden können, auch die Stadt an und für sich ist sehr grün und vor allem: unendlich sympathisch.

Damals und heute

Für Kinder vom »Land«, wie wir es vor einigen Jahren waren, ist Graz trotz moderater Größe doch ein beeindruckendes Pflaster. Das riesige Kaufhaus »Kastner & Öhler«, die vielen Autos, die vor der Grazer Herbstmesse parken oder die vielen Menschen in der Herrengasse haben sich wohl allen Landeiern ins Hirn gebrannt. Wenn man dann den Schritt wagt und selbst zwecks Studium oder Job nach Graz zieht, relativiert sich die Größe ganz schnell. Man merkt, dass man mit dem Rad in guten zehn Minuten eigentlich fast überall hinkommt und dass man an Plätzen wie dem »Bierbaron«, dem »Bica« oder dem »Café Ritter« (alles typische Studentenlokale) immer wieder auf die gleichen Leute trifft. Auch später, wenn man sich dann aus dem Uni-Viertel heraustraut und »PPC«, »Postgarage« und Co besucht, wiederholt sich dieses Phänomen. Die Welt ist klein und Graz ist es im Prinzip auch. Und genau deswegen mögen wir es so gerne.

Graz-Facetten

Graz hat viele schöne Seiten: Zum Beispiel den Spaziergang auf den Rosenhain mit anschließendem Belohnungstee und Blick auf den Schloßberg von einer Seite, die auch nach mehreren Malen auf diesem Hügel noch immer ungewohnt wirkt. Oder ein Einkaufstag in der Mariahilferstraße im Grazer Lendviertel, wo man garantiert alle Geburtstags- und Weihnachtsgeschenke findet, bevor man bis zehn zählen kann. Cool sind der Shop im Kunsthaus, »Kwirl«, »Offline Retail«, die Samenhandlung »Köller« oder das Wohnstudio »Schranzer«. Aber am besten man schlendert selbst durch den aufstrebenden Bezirk und lässt sich beim »Window-Shopping« überraschen. Dagegen wirken so manche Geschäfte auf der anderen Seite der Mur fast etwas »altbacken«. Doch genau diese Melange aus Vintage und Tradition macht Läden wie »Schediwy«, »Hofbäckerei Edegger-Tax« oder »Ferdinand Haller« zum Erlebnis. Die verschiedenen Viertel sorgen bei Graz-Erkundungen, selbst für die Bewohner, immer wieder für Aha-Effekte. Das Multikulti-Viertel Gries ist nicht weit vom gediegenen, mediterran angehauchten Franziskanerplatz entfernt. Nach kurzem Spaziergang kommt man in die wohl schönsten Wohngegenden: Herz-Jesu-Viertel und Uni-Viertel, die zwischen Geidorf und Leonhard liegen sind spritzig und wundervoll zugleich. Will man Wald, kann man sich in die grüne Ecke hinterm »Lederleitner« am Hilmteich bewegen. Graz hat also eine komplizierte Persönlichkeit – doch kann man erst mit ihr umgehen und weiß, zu welchem Zeitpunkt man welches Register ziehen muss, hat man das beste Leben.

Einfach nur mehr gut

Ein kulinarischer Streifzug durch Graz gestaltet sich äußerst schwierig, denn man muss nicht lange suchen, um auf das nächste exzellente Lokal zu stoßen. An allen Ecken und Enden wird man von wunderbaren Düften verzaubert. In der Dämmerung empfiehlt es sich mit dem Rad durch die Schmiedgasse zu fahren und all die guten Küchenge-

rüche einzusaugen. Wer's steirisch mag, kann sich beim »Steirer« durch die Tapas kosten, die spielerisch durch die Köstlichkeiten der Region führen. Bei Burger-Gusto klopft man im »Freigeist« an die Türe. Wenn man es griechisch möchte, macht man im »Dionysos« Halt und darf dabei auf keinen Fall die Vorspeisen vergessen. Inder gibt es gleich zwei hervorragende: »Taj Mahal« und »Hathi«. Im »Freiblick« auf der »Kastner & Öhler«-Terrasse lässt es sich an Einkaufstagen gut frühstücken und im »Saray« kann man sogar persisch essen. Die Aufzählung weiterer Tipps würde dieses Buch sprengen. Darum empfehlen wir die App »Graz Secrets« wärmstens, vor allem auch, weil sich Katharina unter anderem für den Inhalt verantwortlich zeichnet. Und aus!

www.grazsecrets.at

DOCH GENAU DIESE MELANGE AUS VINTAGE UND TRADITION MACHT GRAZ ZUM ERLEBNIS.

Tick-Off-Liste Grazer Sehenswürdigkeiten

- [ ] Hauptplatz und Rathaus
- [ ] Schlossberg (über die Stiegen!)
- [ ] Kunsthaus
- [ ] Murinsel
- [ ] Glockenspielplatz
- [ ] Franziskanerviertel
- [ ] Landeszeughaus
- [ ] Joanneumsviertel
- [x] ~~Bauernmarkt am Kaiser-Josef-Platz~~ ← hat gefallen
- [ ] Mariahilferplatz
- [ ] Doppelwendeltreppe und Grazer Burg
- [ ] Burggarten
- [ ] Herrengasse
- [ ] Herz-Jesu-Viertel
- [ ] Oper und Schauspielhaus
- [ ] Dom und Burggasse
- [ ] Schloss Eggenberg
- [ ] Palais Saurau beziehungsweise die Sporgasse

TIPPS:

- Buschenschank Hammerl vulgo Sterz in Kleinschlag bei Lafnitz
- Bernies »Happy Places«: Das »Blendend« und die »Lotte« in Graz
- Auch gut: Freiblick beim »Kastner & Öhler«

Süße Luise

Lendplatz - Stand 9
8020 Graz
0650 2200022

Food Lover

EIN LIEBLINGSORT AUS DEM BILDERBUCH

Morgens, 8 Uhr, am Lendplatzmarkt. Die Pfingstrosen stehen schon am richtigen Fleck. Die Marktgeher haben bereits halbvolle Körbe und Bernadette Pausackl strahlt inmitten ihres Cafés »Die Süße Luise«.

Wie ist die Idee zur »Süßen Luise« entstanden?

Meine Eltern hatten ein Grundstück, die »Lange Luise«. Dort habe ich viel Zeit verbracht und mich auch sehr wohl gefühlt. Irgendwie war mir dieser Name dann lieber als »Bernies Treff«. Zu uns kommen Mädchen, die Kuchen backen. Somit haben wir täglich süßen Besuch.

Was hast du vor dem Café gemacht?

Ich komme ursprünglich aus der Gegend rund um Pöllau. Beruflich habe ich mich eigentlich in die Richtung Film und Foto entwickelt und dann zwischenzeitlich auch bei Spielfilmproduktionen mitgearbeitet. Ich wollte allerdings Graz als meine »Homebase« nützen und ein kleines Projekt für mich machen. So kam ich auf »Die süße Luise« und bin nun »Mini-Wirtin«. Ich mag, wie sich hier alles ändert und im Wandel ist. Das finde ich schön.

Was schätzen die Gäste an deinem Café?

Bei uns gehen alle ein und aus: Vom Privatier über den Sozialhilfeempfänger bis zum Studenten. Man kommt ins Gespräch, ganz ungezwungen. Wir sind zu einem »Happy Place« geworden, wo jeder seinen Platz findet.

DIE RÄDER SIND AUF ALLE FÄLLE IDEAL, UM DIE STADT KENNENZULERNEN.

E-Mobil Shop Graz

Elisabethstraße 88
8010 Graz
0316 900052100
emobil.e-steiermark.com
www.e-steiermark.com

Action Hero

BIKEN MIT VITAMIN E

Wir haben uns auf den Sattel geschwungen und mit voller Kraft in die Pedale getreten. Doch das war gar nicht nötig, denn – hehe – wir saßen ja auf einem E-Bike.

E-Bike? Nicht mit uns.

Jahrelang kostete uns E-Biken nur ein müdes Lächeln und selbst damit herumzufahren war gefühlt so fern wie der Pluto. Wer nicht mit eigener Body-Kraft den Berg raufkommt, der schiebt. Aber mit dem E-Bike lustig raufzustrampeln, wo anderen der Kopf rot anläuft, das geht nun wirklich nicht.

Oder doch?

Naja, man kann seine Meinung auch mal ändern. Vera hat dies ohnehin schon in der Bretagne getan, als sie sich im Garten des schönen Krier Ferienhauses mit dem E-Bike anfreundete, denn nach erster großer Skepsis machte es die weite Entfernung von zu Hause möglich, zuerst zaghaft, dann begeistert mit dem E-Bike durch die französische Landschaft zu düsen.

Der Wind in meinem Haar

Und düsen ist auch das Stichwort. Man unterschätzt es, wenn man es noch nicht probiert hat und liebt es, wenn das Gefühl einmal da war: Das Gefühl von Geschwindigkeit auf einem »normalen« Fahrrad. Zumindest ist dieses für uns eher neu, da unsere Oberschenkel in Kombination mit zwei Rädern normalerweise keine 25 km/h auf den Asphalt bringen. Und das schafft man mit dem E-Bike easy.

Biken in Graz

Umgemünzt auf Graz haben wir uns in die Bürgergasse begeben und dort zwei E-Bikes geholt, um damit vom Hilmteich bis Eggenberg radeln zu können. Wir wurden gleich auf die sportlichere Variante E-Mountainbike gesetzt. Hügel konnten wir aufgrund des permanenten Zeitmangels in der Recherchezeit leider keinen bezwingen. Wir finden die Räder aber auf alle Fälle ideal, um die Stadt kennenzulernen und zum Beispiel die »Sehenswürdigkeiten-Tick-Off-Liste« des Buches durchzugehen – egal ob auf einem E-Bike City oder auf einem E-Bike Mountain. Ein bisserl Mountain hat man in Graz mit dem Schlossberg ja ohnehin immer.

SPEZIALTIPP:

Der steirische Gin »Aeijst« (100% bio) von Wolfgang Thomann. Auch im Gaumenkino gibt es ein paar Fläschchen davon…

Daumen hoch fürs Gaumenkino

ANGELA HIRMANN UND ERNST PREININGER ESSEN GERNE GUT. UND SIE KAUFEN GERN GUT EIN. DAHER HABEN SIE 2010 EINE FUNDGRUBE FÜR GUTE, BIOZERTIFIZIERTE LEBENSMITTEL NAMENS GEMÜSEWERKSTATT INS LEBEN GERUFEN. UND DAMIT HAT ALLES ANGEFANGEN…

Was ist ein Gaumenkino? Was ist eine Gemüsewerkstatt?

In der Gemüsewerkstatt verkaufen wir Bio-Grundnahrungsmittel, die aus der Umgebung von Graz kommen, damit ihr Weg zu uns nicht zu weit ist. Wichtig ist, dass wir die Leute kennen, die hinter den Produkten stehen.

Im Gaumenkino wird frisch gekocht und man kann aus Suppe, zwei Hauptspeisen und einem Nachtisch auswählen. Es herrscht der Hang zum Vegetarischen, aber zwei bis drei Mal im Monat gibt es auch Fleisch.

Was ist DIE steirische Zutat?

In der Steiermark muss man von mehreren Zutaten sprechen, die als DIE Zutat durchgehen. Das hängt ganz von der Jahreszeit ab. Das Gute bei uns ist nämlich, dass wir wirklich saisonal kochen können. Man kann sich immer auf etwas freuen oder sich an etwas sattsehen. So freut man sich im Februar zum Beispiel schon auf die Paradeiser und im Oktober nervt einen der Paprika (zumindest geht es uns so).

Eure Steiermark-Tipps?

Angi: Die Steinerne Wehr in Kaindorf an der Sulm. **Ernst:** Das Schiestlhaus am Hochschwab.

Gaumenkino und Gemüsewerkstatt

Gartengasse 28
8010 Graz
0650 2373177
www.gaumenkino.at

-angela und ernst-

Rezept

Gebratene Rotkraut-Erdäpfelroulade mit Vogerlsalat

vom Gaumenkino

Zutaten:

1 Portion Erdäpfelteig mit Rote Rüben-Püree eingefärbt, 1 kleiner Kopf Rotkraut, 1 Zwiebel, 2 TL Honig, ½ Zimtstange, 2-3 Nelken und Wacholderbeeren, 1 TL Kardamom, 1/16 l Apfelsaft, 1/16 l Rotwein, 1 EL Öl

200 g Vogerlsalat, ½ Radicchio, 2 EL Kürbiskerne, 2 Äpfel, 3 EL Kürbiskernöl, 3 EL Kräuteressig, 1 TL Kürbiskernsenf, etwas Honig, 3 EL Apfelsaft, Salz, Pfeffer

Rotkraut halbieren und Strunk entfernen. Kraut und Zwiebel in feine Streifen schneiden. Rotkraut mild salzen und mit den Gewürzen, Apfelsaft und Rotwein für mindestens 30 Minuten (am besten über Nacht) marinieren.

Anleitung:

Klein geschnittene Zwiebel in Öl anschwitzen und mit Honig karamellisieren. Mariniertes Rotkraut dazugeben und bei kleiner Flamme weich kochen. Zum Schluss mit Salz und Pfeffer abschmecken. Für die Weiterverarbeitung unbedingt kalt werden lassen.

Erdäpfelteig für die Erdäpfelroulade vorbereiten. Ausgekühltes Rotkraut darauf verteilen, einrollen und wie Serviettenknödel kochen. Wenn die Roulade fertig ist, abkühlen lassen.

Rotkrautroulade in schräge Scheiben schneiden und in einer Pfanne mit Butter, Knoblauch und frischem Rosmarin bei mittlerer Hitze knusprig braten. (Achtung: Wenn das Rotkraut verbrennt, schmeckt es bitter.)

Den Salat waschen und in mundgerechte Stücke teilen. Die Kürbiskerne in einer Pfanne trocken knusprig rösten. Die Äpfel in kleine Würfel schneiden. Mit etwas Zitronensaft beträufeln, damit sie nicht braun werden. Aus Kürbiskernöl, Essig, Senf, Honig, Salz und Apfelsaft mit einem Schneebesen eine Marinade rühren. Salat marinieren und abschmecken.

Den marinierten Salat in die Mitte des Tellers setzen und drei Scheiben der Erdäpfelroulade dazulegen.

Drei Fragen an Hans-Jürgen Mosbacher vom Wiki Adventure Park im Leechwald

Der Kletterpark am Hilmteich bietet Klein und Groß die Möglichkeit, sich auf unterschiedlich schwere Parcours zu trauen und dort den beiden Freunden Schwindelfreiheit und Ausdauer »hallo« zu sagen. Beim sportlichen Naturerlebnis mitten in Graz unterstützt Park-Leiter Hans-Jürgen. Wir sagen mal »hallo«.

Wie schaut der perfekte Tag am Hilmteich aus?

Der schaut so aus, dass man im »Purberg« frühstückt und anschließend eine Runde um den Hilmteich spaziert. Dabei sollte man auch »Kleine Wildtiere in großer Not« besuchen. Tja, und dann heißt's sportlich werden und zu uns in den WIKI Adventure Park kommen, eh klar! (grinst) Am Nachmittag würde ich dann für einen kleinen Snack rüberfahren zum »das Lorenz« in der Heinrichstraße und abends mit dem Radl zum Buschenschank Sattler im Stiftingtal.

Stadt oder Land?

Im Prinzip bin ich wahrscheinlich ein Landmensch, aber ich fühle mich in Graz extrem wohl. Man findet sich hier super zurecht und es gibt eine angenehme Mischung von allem. Durch den Arbeitsplatz am Hilmteich kann ich Stadt und Natur sowieso gut verbinden.

Du kommst ursprünglich aus Wenigzell. Was gibt es dort so Interessantes für die Eat Hike Live-Leser?

Gegend und Natur dort sind der Wahnsinn. Kulinarisch gesehen stimmt das Preis-Leistungs-Verhältnis. Ein Tipp zum Essen gehen wäre da zum Beispiel die Bergler Stub'n. Ein Highlight ist sicher auch, mit dem Auto auf den Hochwechsel zu fahren und den Panoramablick schweifen zu lassen…der geht dann nämlich bis nach Wien.

TIPPS:

- **Graz:** An Sommermontagen Slacklinen im Augarten
- **Wenigzell:** Die »Buchtelbar« und der Barfußpark

WIKI Adventure Park

Hilmteichstraße 110
8010 Graz
Tel. 0676 5777101
www.w-a-p.at

Drei Fragen an Maria Schag und Rene Sendlhofer von Bikefex

Maria und Rene wollen mit ihren Kursteilnehmern unsere Natur auf zwei Rädern erleben. Das ist ihr Slogan und das nehmen sie auch sehr ernst, denn sie wollen weg vom Image der Speedy-Gonzales-Biker und dabei zeigen, dass Biken zum Bergerlebnis der Sonderklasse werden kann.

Hört ihr oft die Zweifel »Aber die anderen sind sicher besser. Da werde ich mich gar nicht anmelden. Ich will ja die Gruppe nicht aufhalten«?

Wir haben mitbekommen, dass Frauen öfter so denken. Daher gibt es bei uns auch Ladies Only-Kurse. Generell braucht das aber sowieso niemand glauben, denn das Gruppentempo wird zu jedem Zeitpunkt für jeden Teilnehmer passend sein. Da könnt ihr euch auf uns verlassen. Wir wissen schon, wie wir sowas hinbekommen, denn die Gruppen sind immer inhomogen.

Wollt ihr zukünftigen Bikefex-Teilnehmern etwas mit auf den Weg geben?

Wir machen keinen Leistungssport. Wenn man so will, gibt es bei uns »sympathisches Biken«. Es steht immer das Naturerlebnis im Vordergrund und wir wollen erreichen, dass die Teilnehmer das nötige Werkzeug erlernen, um öfter zu diesem Naturerlebnis zu kommen. Es geht um die Orte zu denen man kommt und dass einem dabei das Herz aufgeht (das hat natürlich Maria gesagt). Wir sprechen hier von Freizeitvergnügen und Spaß, nicht von Leistungsdruck.

Habt ihr ein paar Tipps für uns?

Probiert eine Kaspressknödelsuppe, das muss fast sein! Noch ein Tipp: Die Kurse und Veranstaltungen vom »Steirischen Volksliedwerk«, weil durch dieses Tradition erhalten wird und man zum Beispiel Jodeln und Volkstänze lernen kann.

Tel. 0650 6301399
www.bikefex.at

WEITERE TIPPS:

- Die Hochmölbinghütte im Toten Gebirge + Kaiserschmarrn (Muss!)
- Das »Kellerstöckl hoamsuachn« und die »Weintage« in Fehring

life begins
AFTER
COFFEE

Blendend

Uns geht's blendend!

IM GRAZER VIERTEL LEND GEHT'S RUND. IMMER MEHR BARS UND CAFÉS, DIE LOCKER MIT DER LÄSSIGKEIT VON BERLIN ODER WIEN MITHALTEN KÖNNEN, ERÖFFNEN IHRE PFORTEN. EIN WAHRES PRACHTEXEMPLAR IST DIE KREATION VON NINA UND JOSIP: DAS BLENDEND.

Blendend ist ein Wort, dass sich in dieser Institution im hippen Lendviertel auf vieles umlegen lässt. Auf die Einrichtung, die zwar ohne wirkliches Grundkonzept, dafür aber mit vielen Antiquitäten und einem guten Händchen ausgesucht wurde. Auf die Blumendeko, die einen schon beim Betreten der eierlegenden Wollmilchsau begrüßt. (Das »Blendend« ist von früh bis spät für euch da. Egal, ob ihr frühstücken, brunchen, mittagessen oder Schlummertrunk trinken wollt.) Doch es ist noch viel mehr blendend. Die Stimmung der Gastgeber zum Beispiel. Oder das Essen. Oder der Brunch.

Selbst ist der Brunch

»Wir machen das Brot zum Großteil selbst und alles andere was wir bei unserem Brunch anbieten, ist selbstverständlich hausgemacht«, erklärt uns Nina. Darunter fallen auch die gesunden Aufstriche und das begehrte Granola, eine ganz besondere Müslivariante. Gebruncht wird bis in den Nachmittag hinein. Allerdings sollte man rechtzeitig reservieren, denn wochenends und feiertags gehen die Plätze im »Blendend« weg wie die warmen Semmeln. Hat man es sich dann im »Blendend« gemütlich gemacht, freut man sich an den Kleinigkeiten und Ideen, die einen immer wieder aufs Neue überraschen. Wir sprechen hier von Einmach-Gläsern als Wasserbehältnisse, Riess Geschirr und Vintage Tellern.

TIPPS VON NINA:

- La Madonnina zu Mittag
- Santa Clara
- Lasagne im Blendend – immer freitags

Blendend

Mariahilferstraße 24
8020 Graz
0660 4714753
www.blendend.at

TIPPS:

In Graz: Tribeka mit Lachsbagel und Kaffee, Frankowitsch, Burger im B.eat oder Speisesaal, Sushi im Z10, Hilmteich und Lederleitner, Der Steirer

- Buschenschank Holler und Buschenschank Erika (Marillenstrudel) in der Südsteiermark
- Backhendl beim Palz in Klöch
- Steirereck am Pogusch

Mehlspeisenfräulein

Termine nach Vereinbarung
8010 Graz
0664 4030579
www.mehlspeisenfrl.com

Food Lover

SWEETS FOR MY SWEET

Gesucht und gefunden. Gebacken und genossen. Elisabeth »Lisi« Köhl und Vera Straschek sind die wohl süßesten Fräulein in Graz, denn sie haben tagtäglich mit Zuckerguss, Kuchenstreusel und Schokoglasur zu tun.

Wie habt ihr euch kennen gelernt?

Wir haben uns beim Studium getroffen. Eigentlich machen wir ja beide BWL und irgendwann sind wir dann draufgekommen, dass wir die gleichen Backbücher zuhause haben und diese Leidenschaft miteinander teilen. Dann haben wir in einer Zeitschrift über die »Guerilla Bakery« in Wien gelesen und wollten auch selbst was in die Richtung machen. So haben wir mit der Ausbildung zum Zuckerbäcker und mit den Pop-Up Bakeries begonnen. Die ersten haben wir in Lisis Wohnung gemacht und waren bereits nach einer halben Stunde ausverkauft. Dann haben wir nach und nach immer mehr Partner gefunden und alle paar Wochen eine Pop-Up-Bakery abgehalten. An den verschiedensten Orten in Graz. Und immer wieder sind die Leute in Scharen gekommen und haben alles weggegessen.

Was ist euer Plan mit den Mehlspeisenfräulein?

Ziel ist es, Torten und andere Köstlichkeiten auf Bestellung zu verkaufen. Auch ein eigenes Café ist ein großer Traum. Allerdings sehen wir da das Problem, dass man täglich das Gleiche im Angebot haben muss. Aber vielleicht kann man da auch eine eigene Schiene fahren? Wir probieren einfach gerne neue Sachen aus. Dafür sind die Pop-Up-Bakeries perfekt. Wir interpretieren aber auch Althergebrachtes neu, zum Beispiel mit unseren Apfelstrudelcupcakes. Im Sommer backen und dekorieren wir bunter, im Winter kommt dann dafür mehr Creme auf den Tisch.

Was esst ihr selbst gerne?

Lisi mag alles mit Schokolade. Vera liebt Lemon Curd oder Lemon Tarte heiß. Aber wenn man selbst so viel backt, dann kommt man gar nicht in Versuchung viel davon zu essen, da man sowieso die ganze Zeit kostet.

–vera und lisi–

Berry-Lemon Cheesecake
Waldbeer-Törtchen

Graz Places

01 Café Fotter
02 Café Ritter
03 Café Harrach
04 Z10
05 Die Scherbe
06 Casino Graz: Piano Bar
07 Postgarage Café
08 Würstl Hannes
09 Freiblick / Kastner
10 Blaukrah
11 Office Pub
12 Capperi
13 Yamamoto
14 Ginko
15 B.Eat
16 Café Erde
17 Der Steirer
18 Parkhouse
19 Café Mitte
20 Cohibar

Schloßberg
Uhrturm
Stadtpark
Hauptplatz
Burggarten
HEINRICHSTRASSE
GLACIS
ZINZENDORFGASSE
ELISABETHSTRASSE
LEONHARDSTRASSE
BURGRING
OPERNRING
SCHMIEDGASSE
NEUTORGASSE
01
02
03
04
06
09
10
11
13
14
15
16
18
19
20

Perfect Click

LEND-PLATZ MARKT

Wie wir alle wissen, sind Märkte ein gefundenes Fressen. Nicht nur im wahrsten Sinne des Wortes, sondern auch im übertragenen für Fotografen. Schöne Blumen, fröhliche Menschen und erdige Produkte aus der Region machen einfach Lust auf den Auslöser zu tippen. Der Lendplatzmarkt findet täglich außer Sonntag an gleichnamigem Ort statt. Vormittags wird hier Markt betrieben und Produzenten aus der Region bieten ihre Waren feil. Genauso wie ein Markt eben sein soll. Für den Kaffee zwischendurch, kann man sich beim »Macello« hinsetzen oder man kauft sich eine Jause aus wunderbar steirischem Obst, Gemüse, Brot, Fleisch, Käse und Blumen und setzt sich zum Jausnen an die Mur oder auf den Schloßberg.

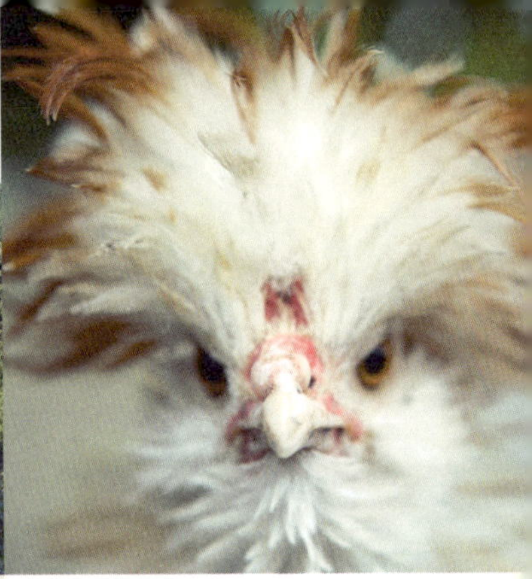

Der Westen

ER HAT ES UNS NICHT LEICHT GEMACHT, DENN FÜR UNS HANDELT ES SICH HIER UM EINE REGION, DIE WIR BIS VOR EINEM JAHR WENIG KANNTEN. ABER WIR HABEN NICHT AUFGEGEBEN, WIR HABEN UNS MIT IHM GETROFFEN, UNS SEINE GESCHICHTEN ANGEHÖRT UND WIR SIND FREUNDE GEWORDEN.

Vorstellungsgespräch

Platz eins im Westen belegen unbestritten die weißen Lipizzaner in Piber. Die kennt man in der Steiermark (und darüber hinaus) einfach. Das ist wie mit der Schokolade von Zotter im Osten. Da braucht man nicht mehr viel reden. Auch recht verbreitet ist das Wissen, dass man hier im Schilcherland unterwegs ist und die blaue Wildbacher-Traube einem von den verschiedenen Hügeln entgegenleuchtet. Was man vielleicht noch weiß, ist, dass Friedensreich Hundertwasser die St. Barbara Kirche in Bärnbach gestaltet hat und Arik Brauer das Voitsberger Rathaus.

Gemeinsames Essen

Kulinarisch befindet man sich hier auf der Ölspur, denn gerade auch im Westen sprudelt das Kernöl gleich so. Käseliebhaber müssen sich die Burgruine Obervoitsberg merken, denn dort findet einmal im Jahr eine Käse-Fiesta statt und mit »Focus Z« kann man sich auf Kräuterwanderungen mit anschließendem Kochen begeben. Wer nur mal in den Westen reinkosten möchte, der ist in Deutschlandsbergs »Wein und Käs« richtig.

Gemeinsamer Ausflug

Wandermöglichkeiten bieten sich auf den herrlichen Almen der »Rucksackdörfer«. Der große Speikkogel mit seinen 2.140 Metern ist auch immer ein heißer Tipp, aber kein Almspaziergang. Wer lieber mit dem Drahtesel in den (Wilden) Westen anreiten will, der findet Genussradeltouren wie auch Mountainbikestrecken. Der am öftesten genannte Einheimischen-Tipp ist übrigens der Salzstiegl bei Hirschegg.

DER ACTION HERO UNTERWEGS

Auf seinem Rundflug über die westlichen Lande hat unser Action Hero ein paar gute Platzerl zum Austoben gefunden.

Reinischkogel (1.463 Meter)

Beim »Hoiswirt« machen wir uns auf zur Wanderung »Auf und Ab in Modriachwinkel« und gleich am Anfang schaffen wir es, die Tour falsch herum anzugehen. Aber – wie sich später herausstellen sollte – ist das gar nicht so schlimm, denn bei unserer Variante stellte der Draxlerwirt die Endstation der Wanderung dar und so herum waren die Markierungen recht gut. Als Belohnung für die Erklimmung des Reinischkogels haben wir uns das wunderbare Gulasch vom »Draxlerwirt« gegönnt, von dem wir heute noch gerne schwärmen.

Klauseweg Deutschlandsberg

Los geht's beim Jugend- und Familiengästehaus oder beim Bahnhof Deutschlandsberg und ab geht's in das Europaschutzgebiet Klause, immer der Laßnitz entlang. Der Fußweg führt einen über die Burg Deutschlandsberg zurück zum Ausgangspunkt und man sollte zwei bis drei Stunden Zeit haben. Wer diesen Weg mal gehen möchte, der kann den Food Lover mitnehmen. Der freut sich sicher über das kulinarische Angebot entlang des Schlosswegs.

Gleinalmspeik (1.988 Meter)

Geparkt wird beim (nicht bewirtschafteten) Gasthaus Krautwasch und das Ziel wird auch sogleich anvisiert. In dem Fall darf man dann aber nicht zum Gleinalm-Schutzhaus schauen, denn dieses liegt doch noch einige Höhenmeter unter dem tatsächlichen Gipfel. Unwissend wie wir waren, wollten wir nämlich schon beim Schutzhaus unsere Wandersocken durchlüften. Nix da! Und übrigens: Wenn man Glück hat, sieht man auf der Weide entlang der Wald- und Wiesenwege ein paar Lipizzaner grasen.

Hirzmannsperre

An diesem Stausee trifft man sich an heißen Sommertagen zum Baden. Andere bringen ihre Boote mit und paddeln was das Zeug hält. Wer nicht des Wassers wegen kommt, sondern wegen der Gesteinsformationen, der oder die dürfte wohl ein Klettermaxi oder eine Kletterresi sein. Allein für einen Spaziergang rund um den See lohnt sich die Anreise nach Edelschrott.

KAZUKO SATO
GÄRTEN DES ORIENTS
Max Ernst
Cy Twombly
ARNULF RAINER
GERHARD RICHTER
GERHARD RICHTER
HANS KUPELWIESER
OSKAR KOKOSCHKA
René Magritte
DIE NACKTE WAHRHEIT
WILLEM DE KOONING
INFELD 4
ALBERTINA
Jonathan FRANZEN
Viktor E. Frankl Logotherapie und Existenzanalyse
LICHT UND FARBE IN DER AVANTGARDE
SAMMLUNG ESSL
DUMONT

Stainz hat was. Ja wirklich, es hat was.

ES HAT EIN RIESIGES SCHLOSS. DIESES KANN MAN GAR NICHT VERFEHLEN, DENN MITTENDRIN RAGT ES AUS STAINZ HERAUS UND AUCH ERZHERZOG JOHANN HATTE ES AUF DEM RADAR. ER ERWARB ES 1840 UND HEUTE NOCH LEBEN HIER SEINE NACHFAHREN, DIE FAMILIE DES GRAFEN FRANZ VON MERAN. MAN MUSS ABER NICHT GRAF SEIN, UM INS SCHLOSS HINEINZUKÖNNEN. TEILE DAVON KÖNNEN FÜR VERANSTALTUNGEN WIE AUCH HOCHZEITEN GEMIETET WERDEN. DER WESTFLÜGEL STEHT ALS STEIRISCHES JAGDMUSEUM OFFEN.

Stainz hat auch das »Café Lex« am Hauptplatz. Franz Lex sperrt schon frühmorgens auf und versorgt die Stainzer mit dem köstlichen Trank aus der originellen Kaffeemaschine. Dazu gibt es Kuchen und Torte aus der hauseigenen Bäckerei oder selbstgemachte Aufstriche und Antipasti aus dem Delikatessenbereich beim Eingang. Tratschtanten wie Zeitungsleser sind hier gleich willkommen und finden alle ihren Platz. Zeitungs- und Bücherauswahl sind groß, das Kunstverständnis des Herrn Lex auch, wie man dann sieht.

Die Marktgemeinde hat dann noch das Kaufhaus Hubmann. Dieses gibt es schon eine ganze Weile. Genau gesagt übernimmt gerade die vierte Generation das Ruder. Früher gab es das öfter, das mit den Generationen und dass Kaufhäuser unterschiedlichste Sortimentsbereiche selbst abdeckten, heutzutage ist das eher selten. Bei Hubmann aber gibt es das noch. Dort finden Lebensmittel, Mode sowie Schreib-, Spiel- und Papierwaren Platz unter einem gemeinsamen Dach.

Und Stainz hat natürlich seinen Flascherlzug. Jetzt kann man mal munter darauf losraten, warum dieser so heißt. Wer von selber auf des Rätsels Lösung kommt, der ist gut. Die Leute haben nämlich eine Zeit lang ihren Urin in Flascherl abgefüllt und sind mit der Bahn zum sogenannten Höllerhansl hingetuckert, weil es geheißen hat, dass dieser aus den gefüllten Flascherln verschiedene Krankheiten herauslesen kann. Heute gibt es keine Flascherl mehr. Die Bahn fährt aber noch immer und in den bunten Waggons sitzen gerne Kinder wie Nostalgiker aller Altersklassen.

Rassach: Nicht groß, aber oho!

30 KILOMETER SÜDWESTLICH VON GRAZ BEFINDET SICH DAS KLEINE DÖRFCHEN RASSACH. WIR HATTEN KEINE VORSTELLUNG UND AUCH KEINE AHNUNG VON DIESEM EINLADENDEN UND FREUNDLICHEN FLECKCHEN ERDE - BIS ZU UNSEREM KENNENLERNEN, AN EINEM TAG IM SEPTEMBER.

Wir passierten diesen Ort eigentlich rein durch Zufall, nämlich deshalb, weil er so schön an der B 76 von Deutschlandsberg nach Graz gelegen ist. Kaum hineingedüst, waren wir auch schon wieder draußen. Ist ja auch nicht so groß, Rassach. Beim Ortsende gab es dann aber diesen Moment: Zwei weit aufgerissene Augenpaare, derselbe Gedanke und eine rasche Entscheidung: Umdrehen und noch einmal »eini« nach Rassach, aber rasch!

Weststeiermark pur

Warum? Naja, was dieses Rassach da auf den ersten Blick von sich erahnen ließ, war genau nach unserem Geschmack. Hier stehen sie nämlich, die alten weststeirischen Bauernhäuser mit den verspielten und herzigen Elementen an Haustür und Fensterbalken. Zum Hinknien und Anbeten. Auf ungefähr 1.400 Einwohner kommen mehrere Selbstvermarkterläden alias Bauernläden, viel Kernöl, Geselchtes, Obst und Gemüse und der dazu passende Schilcher. Also regional produzierte Köstlichkeiten soweit das Auge reicht.

Einkaufen beim Hafnermeister und im »Haus 41«

Familie Kolbl baut nicht nur Kachelöfen, sondern betreibt auch ein Geschäft namens »heimelig«, welches Mädchenherzen mit den vielen angebotenen Accessoires für Haus und Hof höher schlagen lässt. Angefangen von Geschirrtüchern bis hin zu Blumentöpfen und vielen Keramikkunstwerken, kann man sich hier mit seinem Geldbörserl austoben. Weiter oben (oder unten) an der Straße bietet das so genannte »Haus 41« Kreatives zum Mitnehmen. Besonders die Vogelhäuschen stechen hier ins Auge.

Spaß und Gaudi für die Kids

Ein echtes Kindermuseum! Wo gibt es denn sowas? In Graz: Nämlich das Frida & Fred, das mit Ausstellungen, Labor, Theater, Lümmelzone und Spezialprogrammen ein kleines Paradies für Kids ist.

Das höchste Planetarium der Welt! Im Sternenturm in Judenburg Weltraumshows anschauen und eine Sternenmoderation miterleben. Es gibt übrigens explizite Kindervorführungen… Besser als fernsehen!

Dino-Fans werden im Styrassic Park in Bad Gleichenberg die Augen aufreißen, denn dort sind sie noch zuhause, die runzligen Freunde. T-Rex ist natürlich auch mit von der Partie.

Schöckl:
Der Ausflugsberg der Grazer hat kinderwagenfreundliche Wege, eine Sommerrodelbahn und einen Disc Golf Parcours! Muss man noch mehr sagen?

Nach Herberstein zum Tiereschauen: Löwen, Geparden und mehr beim Alltag beobachten, die Fütterungszeiten nicht verpassen und den Streichelzoo besuchen.

DEN LABONCA BIOHOF BESUCHEN UND DEN SONNENSCHWEINEN BEIM GRABEN, SCHNÜFFELN UND BADEN IN ARTGERECHTER FREILANDHALTUNG ZUSCHAUEN.

Maislabyrinth in Hengsberg: Auf einer Fläche von 30.000 Quadratmetern herumirren und spazieren, Picknicknischen aufsuchen, Rätsel- und Suchspiele lösen und im besten Fall wieder hinausfinden.

Schauspielen: Das Theaterdorf in St. Josef wartet mit unterschiedlichen Stationen auf, welche die Freude am Spiel in Klein und Groß wecken sollen. Theaterweg-Führungen sind auch ein heißer Tipp!

In Balance bleiben: Im Motorikpark in Gamlitz (angeblich der größte seiner Art in ganz Europa)! Nicht nur für die Kids eine Herausforderung!

Kanufahren auf der Raab ist nix für Nichtschwimmer, aber für die etwas Größeren und die ganz Großen wird ein besonderes Wassererlebnis versprochen. www.naturparkraab.at

Auf zum Abenteuer! In Mautern können fast keine Kinderwünsche offen bleiben. Es gibt dort einen Tierpark mit Erlebnis-Bauernhof sowie Abenteuer auf der Sommerrodelbahn, im Nautic Jet, im Luna Loop oder auf der Riesenrutsche. Und das war noch lange nicht alles.

ES STEHT EINE VERKOSTUNGSSTATION MIT DIVERSEN SENFVARIATIONEN, PESTOS UND CHUTNEYS BEREIT, UM LÖFFELATTACKEN STANDZUHALTEN.

TIPPS:

- Die Hofkäserei Deutschmann
- Der Rauch-Hof in Stainz
- Bio-Buschenschank Otto Knaus

Lukashof

Grafendorf 11
8510 Stainz
03463 3950
www.lukashof.com

Der Lukashof

IN IHRER GENUSSMANUFAKTUR STELLT FAMILIE HÖGLER SEIT VIELEN JAHREN BIO-DELIKATESSEN HER. SHOPPING QUEEN, WIR WISSEN, DASS DU DAS SEHEN WILLST!

Mama Dagmar ist die Produktentwicklerin in der Familie und daher laufend am Tüfteln, welche Geschmacks- und Produktkombinationen denn überhaupt so möglich wären. Auf dem Lukashof wachsen und gedeihen nämlich die Zutaten für Apfel-Ingwer-Gelees, das begehrte Kürbiskern-Basilikum Pesto und mehr. Naja, alles kann es beim Lukashof natürlich nicht geben, daher werden einige Zutaten auch zugekauft. Der gemeinsame wichtige Nenner ist aber immer das kleine Wörtchen »bio«.

Dagmar ist auch zertifizierte Natur- und Landschaftsvermittlerin. Man kann sich bei ihr also zu Führungen rund um den Lukashof samt Streuobstwiesen, Rosengarten und Wildkräutern anmelden. Probieren ist immer drin bei solchen Besuchen. Aber auch ohne Führung steht im Hofladen stets eine Verkostungsstation mit diversen Senfvariationen, Pestos und Chutneys bereit, um Löffelattacken standzuhalten.

Auch ein Freund der Verkostung ist Papa Alois. Er zeichnet sich eigentlich für die Landwirtschaft verantwortlich, sieht sich aber auch ganz stark im Bereich der Qualitätssicherung. Das bedeutet, dass er bei den Löffelattacken auf die prall gefüllten Lukashof-Gläschen gerne mitmacht, denn schließlich muss ja überprüft werden, dass die (Bio-)Qualität immer stimmt.

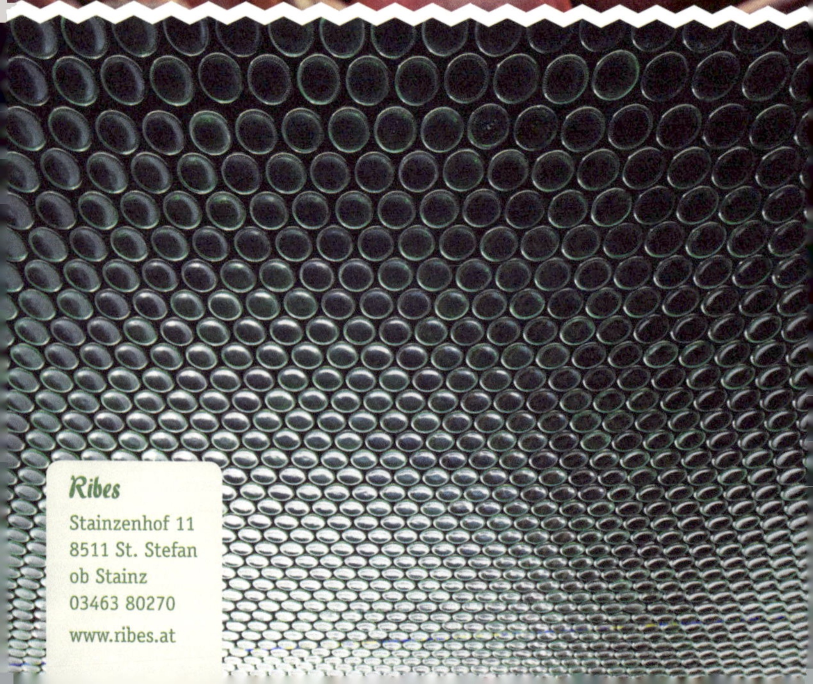
Ribes
Stainzenhof 11
8511 St. Stefan
ob Stainz
03463 80270
www.ribes.at

Stainzer Saftladen

IM LAUSCHIGEN ST. STEFAN OB STAINZ RAUSCHT ES NUR SO VOR FRUCHTIGEN SÄFTEN. EBENSO SORGFÄLTIG WIE SORGENFREI WERDEN DIE GUTEN TROPFEN AUS JOHANNISBEEREN, ÄPFELN UND ARONIA IN GLASFLASCHEN GEFÜLLT. UND DAS SCHMECKT NICHT NUR HERVORRAGEND, SONDERN IST AUCH GUT SO.

Kommt man auf den Hof, wird man gleich von einem großen, sympathischen und freundlichen Hund begrüßt. Weniger überschwänglich, doch gleichsam herzlich, erlebt man die Familie Schriebl, deren Anzahl sich – so scheint's – langsam erhöht, je länger man sich auf dem Hof befindet. Zwei engagierte Eltern, drei ambitionierte Kids (Erntehelfer) – was will man mehr? Doch will man guten, frischen Saft haben, dann braucht man viele Hände, um diesen zu produzieren.

Saftliebe

In Stainzenhof ist vor mehr als 20 Jahren die Liebe zum Saft ausgebrochen. Seitdem wird nach dem Motto »Wenig Früchte – wenig Saft, viele Früchte – viel Saft« g'schmackig-intensiver Saft aus Johannisbeeren (a.k.a. Ribiseln), Streuobstäpfeln, Quitten, Weichseln, Pfirsichen und vielen Früchten mehr gemacht. Die »Ribes«-Leute (lat. Name für Johannisbeere) haben sogar den Radler im Angebot, den wir uns schon immer gewünscht haben. Er (oder sie?) heißt Eva und ist ein bezauberndes Gesöff aus trübem Bier und noch trüberem Apfelsaft. Herzhaft erfrischend, nicht nur, wenn man gerade vom Radeln kommt.

Bewusstsein in Flaschen

Ganz bewusst füllen Gudrun & Co ihre Säfte in Glasflaschen, denn sie sind die sauberste und gesündeste Verpackung. Diese Liebe zu Flaschen sieht man auch bereits am Hof, denn die Decke des Hauptgebäudes besteht komplett aus Flaschenböden. Ein echt lässiger Anblick. Außerdem nehmen die Saftmacher Abstand von Geschmacksverstärkern, künstlichen Süßstoffen und dergleichen. Trotzdem schmeckt der Saft 1A!

– familie schriebl –

MIT DEM FOOD LOVER AUF ERKUNDUNGSTOUR

Der Food Lover schon wieder. Er kann nicht genug kriegen in der Kulinarik-Hochburg Steiermark. Seine Findings im Westen sind ... Trommelwirbel...

Buschenschank Höllerhansl

Der aufmerksame Buchleser wird sich fragen, ob dieser Buschenschank vielleicht etwas mit der Geschichte um Stainz und den Flascherlzug zu tun hat. Die Antwort: Wir wissen es nicht. Aber das ist auch nicht so wichtig. Wichtig ist nämlich die Jause, die man beim Höllerhansl bekommt. Ihr guter Ruf eilt ihr voraus und das Selberessen vor Ort bestätigt die Gerüchte um knusprige Schweinsbrüstl und wunderbare Brettljausen. Ein Glaserl Schilcher dazu?

Hochgrail 66
8511 St. Stefan / Stainz
03463 81817
www.weingut-hiden.at

Wirtshaus Jagawirt in St. Stefan ob Stainz

Ein kleines Paradies auf Erden ist der Jagawirt, der mitten im Nirgendwo neben der Straße auftaucht. In einer Zeit, in der »bio« noch gänzlich unbekannt war, leistete der Jagawirt schon Pionierarbeit auf diesem Gebiet. Heute setzt man sich am besten an einen der gemütlichen Tische im weitläufigen Gastgarten und lässt sich von Waldschweinragout oder selbstgemachten Kürbis-Gnocchi auf eine kulinarische Erlebnistour entführen. Zwischendurch kommt auch der Hahn einmal vorbei und schaut.

Sommereben 2
8511 St. Stefan o. Stainz
03143 81 05
www.jagawirt.at

Buschenschank Dorner

Dieser Buschenschank besticht durch mehrere Dinge: Eine waschechte steirische Jause steht dort am Programm, aber auch Spezialitäten wie geräucherte Forelle oder Mangalitza-Schwein. Wohl deshalb war der Dorner ein Einheimischen-Tipp! Was uns besonders erfreut hat, war – neben der freundlichen Einrichtung – dieser geniale Schokokuchen. Bist du Moped!

Reiteregg 44
8151 St. Bartholomä
03123 2288
www.dornerwein.at

Konditorei Leitner

Diese Konditorei kennen viele und die Steirer kommen von weit her, um dort Eis oder Kuchen zu essen. Warum das so ist? Weil es beim Leitner einfach schmeckt! Die Sachertorte würde man am liebsten einatmen. Sie ist so gut, dass man gleich nach dem ersten Stück ein zweites will. Und dann ein drittes. Aber die Stückgröße ist nicht schuld daran – die ist komplett in Ordnung!

Freidorf-Auweg 1
8523 Frauental
03462 2733
www.konditorei-leitner.at

Hasewend

Kirchplatz 39
8552 Eibiswald
03466 42216
www.hasewend.at

Das ist uns nicht Wurst!

KANADIER, SCHWEIZER, DEUTSCHE UND NATÜRLICH ÖSTERREICHER: ALLE KOMMEN SIE NACH EIBISWALD, UM DAS STEIRISCH-SLOWENISCHE GRENZLAND ZU BESUCHEN. UND UM BEI DEN HASEWENDS MITTEN IM BESCHAULICHEN ORTSKERN ZU WOHNEN, DEN GANZEN TAG ZU WANDERN UND SICH AM ABEND IM KINO UNTERHALTEN ZU LASSEN.

Im Kino wohnen und dabei ein Hauswürstl essen? Geht nicht – gibt's nicht. Die Hasewends in Eibiswald fahren schon seit Generationen ein abwechslungsreiches Programm, das inzwischen bereits riesige Ausmaße angenommen hat, ohne unpersönlich zu wirken. Über 100 Jahre alt ist das Kino mittlerweile, das täglich drei Vorstellungen zeigt und nach wie vor den großen Ketten trotzt. Zusätzlich kann man sich hier die feine steirische Küche auf der Zunge zergehen lassen. Wenn man danach müde ist, kann man in einem der Winzerzimmer wegträumen oder sich gleich länger in eines der Appartements einmieten, die zum lauschigen Innenhof hinausgehen. Vom Innenhof hat man einen super Blick auf den Kirchturm von Eibiswald und natürlich auch eine gute Position, dessen Glocken zu hören. Was fehlt noch? Die Fleischerei natürlich, die die »Slow Food« Philosophie lebt. »Wir verwenden kein Nitritpökelsalz und kaufen unser Fleisch nur von Bauern, die wir persönlich kennen«, sagt Siegfried Hasewend. Ein besonderes Gusto-Stückerl, das man unbedingt gekostet haben sollte, ist das Sulmtaler Zelodec – eine Art Salami, die aber im Mund geschmacklich richtig Gas gibt. Da die Hasewends selbst sehr viel in der Region unterwegs sind, haben sie sich von ihren Ausflügen inspirieren lassen und rund um Eibiswald sechs Themenwanderwege zusammengestellt – mit denen ist man als Besucher einmal ein paar Tage beschäftigt. Die Karten und Beschreibungen dazu gibt es natürlich im Gasthaus.

TIPP:

Die **Mitteregger Stub'n** in St. Nikolai! Ein schönes Café, das sich unter die Buschenschenken der Region schummelt.

Mein Laden

Zehndorf 19
8521 Wettmannstätten
0664 1201316
www.meinladen.at

Bei den Gartenkindern

DANIEL UND ANNA SIND BEIDE MIT GARTEN AUFGEWACHSEN UND WOLLTEN NACH KURZEM URBANEM ZWISCHENSPIEL AUCH WIEDER DORT WOHNEN. DARUM HABEN SIE ES SICH IN ZEHNDORF IN IHREM »MEIN LADEN« GEMÜTLICH GEMACHT UND SCHMIEDEN DORT IDEEN.

Land macht erfinderisch und Zehndorf ist der Inbegriff einer Landgemeinde. Von keiner Tourismusregion erfasst, fristet es ein Los als Geheimtipp. Da gibt es wirklich Schlimmeres auf der Welt. Der Ort selbst ist eigentlich ein lustiger, unförmiger Kreisverkehr, der aus Hofeinfahrten besteht. Wenn man ein paar Kreise gedreht hat, kommt man dann auch bestimmt bei Daniel und Anna an.

Die beiden haben die unterschiedlichsten Talente, die sie gemeinsam im »Mein Laden«-Konzept vereinen, das auf den ersten Blick noch nicht ganz zu Ende geschmiedet ist. Und auch nach einem Gespräch mit den sympathischen Gartenkindern wird dieser Eindruck bestätigt: Neben dem Harmonikaunterricht, den der fanatische Lederhosenträger Daniel (auch per Skype) gibt, der Floral- und Vintagegestaltung für Hochzeiten, der sich Anna widmet und dem kleinen Laden, der Allerliebstes anzubieten hat, restaurieren sie auch Möbel oder vermieten ein Zimmer. Doch die Ideen am Gospi-Hof scheinen kein Ende zu finden. Wer daher am Ball des guten Geschmacks bleiben will, schaut einfach selbst vorbei.

Das Murtal

Rund um Murau, Judenburg und den Zirbitzkogel ist der Spaß daheim. Gaudiwipferl treffen aufs Maiwipferlparfait und Zirbenzapfen werden zu ölig-rosarotem Schnaps. Und wenn man von dem Getrubel runterkommen will, dann geht man am besten nach oben und blickt auf das Geschehen vom Gipfel. Was für eine Welt!

MURTAL
Lachtal
Oberwölz
Krakaudorf
Murau
Mur
FRAUENALPE
KREISCH-
BERG
Turrach
Salzburg
Kärnten

Die Berge
YEAH!
St. Johann
SECKAUER ALPEN
Seckau
Mur
Spielberg
Knittelfeld
Judenburg
SEETALER ALPEN
Obdach
Neumarkt
ZIRBITZKOGEL
Der Westen

Judenburger Urwald

Unterwegs im und rund ums Z-Land

„IHR HABT ZWAR BERGE, ABER VOR DENEN MUSS ICH MICH NICHT FÜRCHTEN." ANGEBLICH IST DAS EINE KLASSISCHE AUSSAGE EINES HOLLÄNDISCHEN ZIRBENLAND-TOURISTEN. FÜRCHTEN MUSS MAN SICH NICHT, ABER MITUNTER SCHON EIN BISSCHEN SCHINDEN, DAMIT MAN AUF DIE ZINKEN UND KOGEL HINAUFKOMMT.

Die bekannteste Erhebung im Umkreis ist – ganz klar – der Zirbitzkogel. Aber auch rundherum »hupfen und gugln« die Berge gleich so aus dem Boden: Ob Seckauer Zinken oder Ringkogel, es gibt immer was zu tun. Kleiner Tipp: Einfach mal umschauen im Naturpark Zirbitzkogel-Grebenzen. Und auch weiter Richtung Hohentauern (mit seinem Naturerlebnispark Keltenberg) findet sich ein lohnender Alpen-Spielplatz.

Nicht nur die Berge selbst ragen in dieser Gegend hoch hinaus, auch der »Wipfelwanderweg« in der Rachau lässt insbesondere Kinder Höhenluft erraten. »Turm im Gebirge« nennt sich ein weiteres lohnendes Ausflugsziel für Freunde der Weitsicht. Auch weiter oben ist die Burgruine Eppenstein, die man entweder zu Fuß oder am Kletterseil hängend erkunden kann.

*Radlhosen dabei?
Dann genau hinschauen - jetzt.*

Eine Alternative zum altbewährten Fußtaxi ist das Radl: Ohne schweißtreibende Höhenunterschiede, also immer schön flach dahin, schlängelt sich der Murradweg entlang des gleichnamigen Flusses. Eine Tagesetappe wäre da zum Beispiel die Strecke von Murau nach Judenburg. Auf der Homepage www.murradweg.com kann man mithilfe des Routenplaners kinderleicht nachschauen, wie man am besten fährt, wo man einkehrt

und wie viel Zeit man sich ungefähr nehmen sollte. Murradweg und in der Ebene fahren ist langweilig? Dann bitte: Es gibt genügend Mountainbike-Strecken zum Austoben – und das in den unterschiedlichsten Schwierigkeitsstufen. Aber echt jetzt!

Was für die Wadln und was für den Bauch

Für den Knurrbauch gibt es ein paar Klassiker, die man im Murtal nicht auslassen sollte: Den Murtaler Steirerkäse („Steirakas" für alle, die nicht ungut auffallen wollen) und die Weißkirchner Schnecken. Der Murtaler Steirerkas unterscheidet sich vom Ennstaler Steierkas-Erzfeind, indem er schnittfest ist und einen kümmeligen Abgang hat. Ein Riesenvorteil dieses regionalen Milchschmankerls: Der Steirerkas wird öfter mal ohne Extra-Butter hergestellt und da freut sich dann die Figur. Wenn es nicht klassisch und traditionell sein soll, sondern lieber eine klasse Pizza, dann kann man sich auf den Weg machen zur Pizzeria »San Marco« in Judenburg. In einer engen Seitengasse gelegen, wähnt man sich hier im südlichsten Zipfel Italiens. Das »Rainer's« in Kobenz wurde uns auch als Tipp in Bezug auf Pizza ins Ohr geflüstert.

Das Zirbenland und der Ring

Man kann ja von Formel 1, schnellen Autos und Rennstrecken halten, was man will. Ganz umhin kommt man nicht um Red Bull & den Formel-1-Ring, wenn man da jetzt so im Murtal umherstreift. Wer nur mal einen Blick auf die Rennstrecke und das »Projekt Spielberg« erhaschen möchte, kann sich einen Kaffee gönnen im »Landhotel Schönberghof« und

runterschauen auf das Geschehen. Oder man ist ab 18 Uhr in der Panorama Bar vom »Café Wasserturm« in Zeltweg: Dort kann man auch auf das weite Murtal hinunterblicken.

Fazit:

Das Murtal ist eine Region, die mit einfachen, aber guten Besonderheiten überrascht und sowohl für Ruhesuchende als auch Motorenlärmliebende etwas zu bieten hat. Eine Region, die uns mit herzlichen, lustigen, originellen Menschen und viel Zirbenschnaps konfrontiert und begeistert hat.

Also, ob oben oder unten, hinten, vorne, drüben, links oder rechts: Im Murtal herumzirbeln macht Spaß.

Schlossherr & Spitzenkoch

DAS BROT KOMMT VOM BIOBÄCKER, DAS FLEISCH VOM BENACHBARTEN BAUERN UND DIE KRÄUTER AUS DEM EIGENEN GARTEN. ALEXANDER STÖHR LEBT UND LIEBT REGIONALES UND WEISS, DASS ERNÄHRUNG IMMER MEHR ZUR MISSION WIRD.

Wenn das Grundprodukt passt, dann kann man nur mehr alles richtig machen. Nicht, dass Alexander Stöhr kein exzellenter Koch wäre, aber er achtet akribisch genau darauf, welche Zutaten seine Küchenschwelle überhaupt übertreten dürfen. Das Schloss war einst Teil einer Brauerei, doch die wurde vom Krieg geschliffen. Nun fallen die braunen Karos, die einst für eine Exil-Toskanerin errichtet wurden im Speckgürtel von Zeltweg noch mehr auf. »Offene Arkadengänge im Kältepol Österreichs, eine ausgezeichnete Idee«, scherzt Alexander. Was Besonderes ist also nicht nur die Location, sondern auch der großzügig angelegte Garten, aus dem nicht nur Kräuter und Gemüse kommen, sondern auch allerliebste Blüten zu Deko- und Esszwecken. Laut Kochkoryphäe Stöhr gibt es nirgendwo eine vorzüglichere Küche als in Skandinavien. Dort reist er mit Vorliebe hin und holt sich Ideen im Austausch mit anderen Köchen. Die Inspiration von dort, gepaart mit derjenigen, die er aus der Natur holt, setzt er dann mit Spargel, Bärlauch und Murtaler Ziegenkäse in die steirische Kochrealität um.

Schloss Taverne Farrach
Schloßweg 13
8740 Zeltweg West
03577 25257
www.schlossfarrach.at

TIPPS:

Für die Wanderung:
Müsliriegel „Berggoaß“ in den Geschmacksrichtungen Feige, Rosine, Banane und Preiselbeere von der Bäckerei Pirker aus Weißkirchen

Für den Gipfelsieg ein Muss:
Zirbenschnaps

Action Hero

AUF DEN GIPFEL ZIRBELN

Man nehme einen Rucksack sowie die eingelatschten Wanderschuhe und steige hinauf auf den schönen Zirbitzkogel: Ein guter Weg, um sich einen Überblick übers Murtal zu verschaffen.

Der Zirbitzkogel: Mit seinen 2.396 Metern in der Höh' ist er der König der Seetaler Alpen. Im Winter kann er schon mal zur Autobahn für Skitourengeher ausarten. Das kann man positiv und negativ sehen. Zumindest ist man nicht allein, wenn man sich für diese Skitour entscheidet und das Zirbitzkogel-Schutzhaus ist auch in der kalten Jahreszeit bewirtschaftet.

Wir haben uns für einen Aufstieg im Sommer entschieden. Startpunkt war die Waldheimhütte bei Obdach. Diese dient auch als »Home-Sweet-Home« für Werner, den Bewirtschafter des Zirbitzkogelhauses, aber mehr zu Werner etwas später.

Über Stock und Stein geht es gut beschildert dahin. Das Nebenbei-Plaudern wird spätestens ab dem Lavantsee eingestellt, weil es dann wirklich gilt, ein paar Höhenmeter zu machen. Kurz vorm Gipfel in den Serpentinen freut man sich dann schon auf die verdiente Aussicht und ein süßes Kracherl oder ein kühles Bier – oder einen Radler, wenn man sich zwischen den beiden partout nicht entscheiden kann.

Der Weg zurück führt uns dann über den Wildsee. Das ist die etwas längere Route. Inklusive Pausen, Interview mit Werner am Gipfel und Wildsee benötigten wir für die Tour sieben Stunden. Bei Zeitrichtwerten für Wanderungen tun wir uns allerdings schwer, aber da gibt es viele andere Quellen, die hier schlaue Dienste leisten.

Es gibt die unterschiedlichsten Meinungen, von wo aus man den Zirbitzkogel am besten »angeht«. Es existiert da zum Beispiel auch das Lager der »Sabathyhütten-Geher« oder das der »Winterleitenhütten-Verfechter«. Der Alpengasthof Sabathy liegt auf frisch-frechen 1.620 Metern und zeigt neben anderen Dingen den Pasta-Fetischisten wo es langgeht. Hier werden nämlich Bio-Nudeln hergestellt, die man im Gasthof gleich probieren kann oder die man sich mit nach Hause nimmt – oder sogar beides.

Worldfamous Zirbl

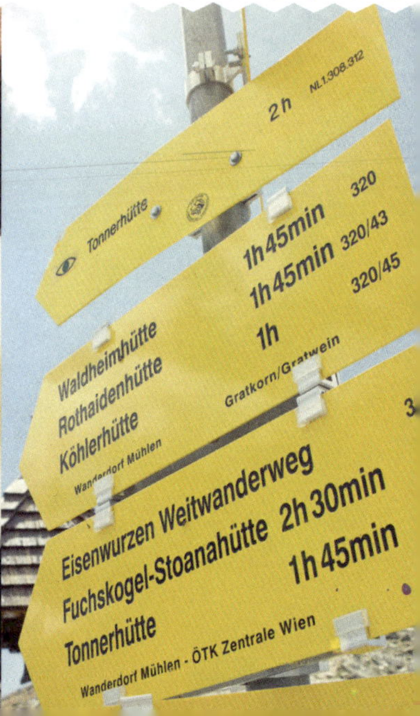
Tonnerhütte
2 h
NL1.308.312
Waldheimhütte
Rothaidenhütte
Köhlerhütte
1h45min
1h45min
1h
320
320/43
320/45
Gratkorn/Gratwein
Wanderdorf Mühlen
Eisenwurzen Weitwanderweg
Fuchskogel-Stoanahütte 2h30min
Tonnerhütte 1h45min
Wanderdorf Mühlen - ÖTK Zentrale Wien

Zirbitz Werner

FÜR VIELE IST ER DER INBEGRIFF DES ZIRBITZKOGELS. DAS GESICHT HINTER, AUF UND VOR DEM BERG. IRGENDWANN HAT ER SEINEN NACHNAMEN VERLOREN UND WURDE VON DA AN NUR MEHR »ZIRBITZ WERNER« GENANNT. DIE HÖFLICHE ANREDE „SIE" VERSCHWINDET ÜBRIGENS BEI HÖHENMETER 2.000. WITZIG, ABER WAHR!

Wie ist es, am Zirbitzkogel zu leben?

Ich bin zwar viel hier heroben auf der Schutzhütte, aber ich lebe nach wie vor in der Waldheimhütte. Da ist meine Familie mittlerweile seit vier Generationen zuhause. Bei mir daheim schauen die Zirben beim Fenster rein. Die Schutzhütte ist die höchste der Ostalpen und wurde von Kaiser Franz Ferdinand eingeweiht – ein geschichtsträchtiger Ort.

Was isst man hier Besonderes?

Naja, auf über 2.000 Höhenmetern schmeckt alles ausgezeichnet. Besonders gut ist natürlich die Bergsteigersuppe, eine typische steirische Jaus'n, ein steirisches Bier und das Murauer Käsebrot. Danach trinkt man am besten ein Zirberl.

Auf 2.000 Metern schaut die Welt schon ganz anders aus, oder?

Auf jeden Fall! Erstens verschwindet das »Sie« und zweitens trifft man sich hier auf einer viel persönlicheren Ebene. Ich war hier schon Psychiater, Pfarrer und bester Freund. Über 2.000 Meter feiert man alles: Hochzeiten, Scheidungen, etc.

MAN KANN
SOMIT BERUHIGT –
AM BESTEN IM
ZIRBENBETTERL –
WEITERSCHLAFEN.

Shopping Queen

DER ZIRBEN FLÜSTERER

Die Zirbe in allen Variationen bekommt man beim Pflanzenhof Frewein. Gerhard und seine Frau experimentieren was das Zeug hält und ob Zirbenessig, Zirup oder Zirbengelee, es gibt fast nichts, was es nicht gibt.

Das Zirbenland wird, und es ist zugegeben nicht schwer zu erraten, von einer Pflanze regiert: Der Zirbe. Man findet im Z-Land nämlich den größten zusammenhängenden Zirbenbestand der Ostalpen. Hat man uns gesagt. Und das ist insofern schon eine Besonderheit, da dieser Baum nicht gerade ein Freund des raschen Wachstums ist. So lässt er sich am Berg schon mal zehn Jahre Zeit um zehn Zentimeter hoch zu werden und noch viel länger, bis er dann ins Zapfenkleid schlüpft.

Der Charakterbaum Zirbe ist trotz dieser Eigenschaften fixer Bestandteil im Leben der Familie Frewein geworden. Mit den Zapfen wird Schnaps angesetzt und die Nadeln bekommen die Destillations-Sonderbehandlung, um ihnen das begehrte Zirbenöl herauszukitzeln. Diesem ätherischen Öl wird nachgesagt, dass es eine antibakterielle und entzündungshemmende Wirkung hat.

Übrigens muss man sich laut Gerhard keine Sorgen um den Bestand der Zirbe machen: Es werden vom Zuwachs nur zwölf Prozent geerntet, also ist ein Fortbestehen im Z-Land gesichert. Man kann somit beruhigt – am besten im Zirbenbetterl – weiterschlafen. Oder man besorgt sich bei den Freweins eine lebende Zirbe und sorgt im eigenen Garten für Nachschub.

INFOS:

Tipps von Gerhard:

- Fiedlwirt in Obdach für eine Backhendlsession (Wir haben es ausprobiert! Yummy!)
- Die üblichen Verdächtigen in Weißkirchen: Gasthof Bräuer zum Jausnen, Gasthof Tavolato und das K.U.K. Wirtshaus
- Hubertushof in Zeltweg
- Konfiserie Josef Kern in Obdach: Zirbenkugeln in den Bauch rollen lassen!

Pflanzenhof Frewein

Allersdorf 26, 8741 Weißkirchen
03577 81285
www.pflanzenhof.at

Das Fort-tragen
oder führen von Holz
ist bei Strafe
verboten!

Das Cafe Wasserturm

TIPP:

In den Zirbenland Appartements übernachten und sich nach einer Radtour im eigenen lupinenumwachsenen Schwimmteich abkühlen.

Plaschkothek, Komfortappartements & Campingpark

Fisching 9
8741 Weißkirchen
03577 82284
www.zirbenland.st

Der Prinz vom Zirbenland

WAS BERND PFANDL AM HERZEN LIEGT? SEINE FAMILIE, SEINE HEIMAT DAS ZIRBENLAND UND GUTER RUM. IN DER PLASCHKOTHEK BEKOMMT MAN DIE BESTEN COCKTAILS WEIT UND BREIT. DA KANN MAN GERN MAL EINEN ÜBER DEN DURST TRINKEN, DENN DIE APPARTEMENTS MIT ZIRBENBETT SIND NUR EINEN UMFALLER ENTFERNT.

Hört, hört: Wer im Zirbenbett schläft, der erspart sich einiges an Herzschlägen. Wer jetzt eins und eins zusammenzählt, kommt drauf, dass man im Zirbenland dann auf einmal doch 25 Stunden pro Urlaubstag hat. Eine Stunde wird einem also von den ätherischen Ölen des so besonderen Zirbenholzes geschenkt, als Urlaubsbonus sozusagen. Das bewies zumindest eine Studie. (Und unser Selbsttest, der ohne Alkohol im Blut sicher noch besser verlaufen wäre.) Doch das ist genau die Krux: Bernd Pfandl hat nicht nur die bequemsten Betten in seinen nigelnagelneuen Zirbenland Appartements, in denen man sich schon beim Betreten wie zuhause fühlt, sondern auch die besten Cocktails. Und das ist der Anfang und das Ende einer jeden Geschichte über die Plaschkothek.

Stichwort: Unterhaltungsgastronomie

Der ungewöhnliche Name hat »vulgo« Ursprünge, denn der Bauernhof, der einst hier war, hieß »Plaschk«. Das Anhängsel »-thek« führte zwar schon zu mancher Verwirrung (Diskothek, Videothek, etc.), allerdings blieb Bernd seiner Schiene treu. Bei ihm gibt's ausgezeichnete Aperolspritzer, die ebenso gut als erstklassiger Obstsalat durchgehen könnten. (Es soll sogar Menschen geben, die nur wegen dieses Getränkes herkommen!) Außerdem kann man sich mit Bernd stundenlang über Rum unterhalten, denn er ist der wahrgewordene »Captain Morgan«.

So mixt Bernd genüsslich Cocktails, sobald die Sonne über dem Zirbenland untergegangen ist. Tagsüber ist er mit Leib und Seele dabei, sich für seine Region stark zu machen. Ein eigener Zirbenland-Reiseführer, ein Radwegnetz nach holländischer Art und viele andere Gimmicks verdankt dieser Landfleck wohl Bernd Pfandl, den wir (unter vorgehaltener Hand) als den Prinzen des Zirbenlandes bezeichnen.

INFOS:

TIPPS für gutes Essen:

Schloss Taverne Farrach
Gasthof Tavolato
Gasthaus Liebmann

Gasthof Bräuer

Stubalpenstraße 3
8741 Weißkirchen i.d. Stmk.
03577 82116
www.gasthof-braeuer.at

Vom Bräuer zum Verkoster

WENN MAN ETWAS NEUN GENERATIONEN HINWEG MACHT, DANN GEHT ES INS BLUT ÜBER. GASTFREUNDLICHKEIT KANN MAN DEN EIBENSTEINERS AUS WEISSKIRCHEN AUF JEDEN FALL VORWERFEN. UND DAS IM BESTEN SINNE DES WORTES!

Der Gasthof der Familie Eibensteiner ist Treffpunkt für Jung und Alt. Beachvolleyballer kommen genauso her wie Gesangsgruppen und der Schützenverein. Joachim Eibensteiner hält sie alle zusammen, wie ein guter Kaugummi. Mit seinem »gepflegten Bier« und der Buschenschankjause hat er die Herzen der Einheimischen längst gewonnen und ist Teil ihres Lebens. Wer sich traut, kann sich unter die Stammtische mischen und wird dann wahrscheinlich Geschichten erfahren, von denen er nicht einmal geträumt hätte, außer vielleicht in einem Zirbenbett. Aber das ist eine andere Geschichte.

Uraltes Gehöft

Das Haus hat viele Jahre am Buckel und doch ist die Familie Eibensteiner innovativ und zeitgemäß. Da wird der Garten vergrößert, der Frühstücksraum erneuert, sodass nicht nur Hotelgäste, sondern auch Weißkirchnerinnen (Wort bewusst gegendert!) hier mit Genuss frühstücken und auch die Zimmer sind wie aus dem (Frühstücks-)Ei gepellt. Der Hausname Bräuer war zwar noch bis 2011 Programm, denn bis dahin war in der ehemaligen Brauerei noch ein Bierdepot. Seit ein paar Jahren setzt Joachim aber auf ein ganz anderes Nass: Den Wein!

Verkostung: Ja, bitte!

Geschäftsreise + Weinverkostung? Radreise + Weinverkostung? Familienfeier + Weinverkostung? Alles Rechnungen, die wahnsinnig gut aufgehen. In seinem Keller liegen die wahren Schätze der Familie: Französisch? Italienisch? Spanisch? Übersee? Joachim Eibensteiner liebt es, seine Gäste auf eine Weinreise zu entführen. Denn was man selbst gerne tut, das tut man mit Vorliebe auch anderen an.

Rauchen u. A
strengsten

usspucken
verboten!

Die Steirische Krakau

DAS WÖRTCHEN KRAKAU EINMAL IN ALLEN MÖGLICHEN KOMBINATIONEN: KRAKAUEBENE, KRAKAUHINTERMÜHLEN, KRAKAUDORF ODER KRAKAUSCHATTEN. ALLESAMT ORTE, DIE SICH ANSCHMIEGEN AN DIE SONNENBESCHIENENEN HÄNGE DES KRAKAUTALS UND ALLESAMT ORTE MIT VIEL GELEBTEM BRAUCHTUM.

In der Steirischen Krakau hält man viel auf Traditionen. Es ist also nichts Ungewöhnliches und Seltenes, dass zu Pfingsten die »Jungen« aus Graz oder sonst wo heimkommen und dieses Fest zuhause feiern. Die Musikkapelle spielt auf und alle sind in Tracht – oder in der elegant anmutenden Musikkapellenuniform. Das ist nicht mehr überall in der Steiermark so. Vielerorts würden sich die »Älteren« freuen, würden die »Jungen« noch solchen Gefallen am Althergebrachten finden.

Feste und Besonderheiten

Es ist in diesem Zusammenhang auch nicht ungewöhnlich, dass in Krakaudorf am ersten Sonntag im August eine sechs Meter hohe Samson-Figur durch den Ort zieht. Ebenso fixer Bestandteil im Jahreskalender ist das »Faschingrennen«, an dem die Männer der Gegend, mit langen Hüten bestückt, den Winter vertreiben. Was dort alles passiert, schaut man sich am besten einmal mit eigenen Augen an. Also, vom »Perchtln« bis zur Fronleichnamsprozession: Brauchtum wird hier gelebt und geliebt.

Wasserscheibenschießen

Man darf sich auch nicht wundern, wenn man im Krakautal an einen See kommt und dort mit Gewehren aufs Wasser geschossen wird. Das sogenannte »Wasserscheibenschießen« hat hier nämlich lange Tradition und ist auch nur an wenigen Plätzen auf der Welt möglich.

Das hat mit der besonderen Wasserbeschaffenheit von Schattensee und Prebersee zu tun. Man muss sich das auch ganz sportlich vorstellen: Es gilt, die Zielscheibe am anderen Ufer zu treffen, indem man auf das Spiegelbild der Scheibe am See genau hinäugelt. Die Kugel wird an diesen beiden Seen von der Wasseroberfläche abprallen und im besten Fall ins Schwarze treffen.

Im Wasserscheibenschießen können sich übrigens auch Besucher nach Anmeldung beim Oberschützenmeister oder beim Tauernwirt versuchen.

Action Hero

IN DER STEIRISCHEN KRAKAU

Wem diese Bräuche nicht Grund genug sind, um ins westlichste Murtal-Eck zu fahren, den treibt vielleicht der Sportsgeist dorthin: Wander-Sepp und Wander-Resi sollten sich den 2.740 Meter hohen »Hausberg« namens Preber nicht entgehen lassen. Die Tour vom Rantensee zum Predigtstuhl soll auch »voll schen« sein (Achtung: Trittsicherheit erforderlich, weil Kletterpassage inklusive!). Spaziergänger-John kann sich rund um den Etrachsee bewegen oder den Wanderweg 12 zum Günster Wasserfall wählen. Mountainbike-Mike wird in der Steirischen Krakau auch zufrieden sein. Eine besonders anspruchsvolle Passage wartet hier namens »Samson-Tour«. Wintersport-Sabine mag zur kalten Jahreszeit vielleicht zur Skitour auf die Tockneralm aufbrechen.

Zum Sporteln, Tun und Schauen gibt es also genug, einfach auf die nächste Krakau-Wander- und Freizeitkarte gucken und selber auswählen.

WWW.KRAKAUTAL.AT
WWW.BERGSTEIGERDOERFER.AT
CO2 SPAREN MIT WWW.TAELERBUS.AT

Lupinen in Krakau

Perfect Click

DIE SEEN VON KRAKAU

Krakau gibt's ja nicht nur in Polen, sondern auch in der Steiermark. Der Name kommt vom Wort „gorak" (Bergbewohner) und wurde von den Alpenslawen eingeführt. Genug des Klugscheißerns. Was ihr wirklich wissen solltet, wenn ihr eure Kamera in dieses einsame Tal mitgebracht habt, ist, wo ihr sie denn auch fix auspacken und ein paar goldige Schüsse machen könnt.

Der Tipp ist gleich mit einem Spaziergang verbunden: Sowohl der Prebersee, der streng genommen eigentlich schon im salzburgerischen Lungau liegt, als auch der Schattensee können komplett umwandert werden. Der Legende nach sind sie sogar unterirdisch miteinander verbunden, weil ein Ochsengespann einmal im einen See baden ging, dann verschwunden war und Jahre später im anderen wieder auftauchte.
Naja. Fest steht, dass die Zusammensetzung des Wassers hier so speziell ist, dass sogar Disney auf das Geheimnis hinter dem Schattenschießen kommen wollte. Leider hat keiner der »Parks« und »Lands« bis dato einen See, an dem man Wasserscheibenschießen kann. Ein weiterer Fotospot ist der Etrachsee – Steiermark Feeling pur.

Rezept

Dreikornkrapfen mit Schafskäse und Rucola

vom Schallerwirt für 4 Personen
(8 „Krapfen" = 8 Palatschinken)

Zutaten:
4 EL Weizenmehl glatt, 2 EL Roggenmehl, 2 EL Buchweizenmehl, 2 Eier (M), 5/8 l Milch, Salz, Muskatnuss, Öl für das Herausbacken in der Pfanne

Weizenmehl, Roggenmehl, Buchweizenmehl, Eier, Milch, Salz und Muskat fein verquirlen, nur kurz anziehen lassen und bei mittlerer Hitze den cremigen Krapfenteig so dünn wie möglich mit einem 1/16l Schöpfer in der Pfanne herausbacken. Der Teig zieht rasch an. Abkühlen lassen. Überzählige Krapfen können auf einem Teller mit Frischhaltefolie zugedeckt aufbewahrt werden. Die Palatschinken mit frischem Rucola (Rauke) etwa 1 cm dick belegen, feinwürfelig geschnittenen Schafskäse darüber und zu einem Krapfen rollen. Je nach Belieben mit einer Sauerrahm-Joghurt-Sauce (gewürzt mit Salz, Pfeffer, Schnittlauch, Kräuter oder Knoblauch) reichen.

Eine Variante ist die Beigabe eines Apfel-Rotrüben-Chutneys. Dafür werden feinwürfelig geschnittene Äpfel in etwas Butter angeschwitzt, mit Zucker und etwas Salz gewürzt, schließlich mit 1/3 der Apfelmenge feinwürfelig geschnittenen, gekochten roten Rüben und etwas Apfelsaft ergänzt. Kurz aufkochen lassen und rasch mit den Krapfen servieren. Damit kommt eine süß-saure und leicht scharfe Note in diese Speise.

INFOS:

Tipps von Joseph

- Die Karlhütte am Etrachsee (Krakauhintermühlen 18c) besuchen
- Hinaufwandern auf die Rudolf-Schober-Hütte auf 1.667 Metern Seehöhe

Gasthof Schallerwirt

8854 Krakauebene 55
in der Steirischen Krakau
03535 8334
www.schallerwirt.at

WO DIE HARMONIKA SCHALLERT

Die Adresse: Krakauebene 55. Dort lässt's sich leben und sein, denn dort findet man den Schallerwirt. Von Joseph Schnedlitz kann man sich in Sachen Wild und regionale Küche um den Finger wickeln lassen.

Er sagt es selbst am besten: »Gesang, Jodler und alpenländisches Spielgut sind hier willkommen«. Und das können wir ganz klar bestätigen, denn so viel echte Volksmusik wie beim Schallerwirt ist uns beiden schon lange nicht mehr untergekommen. In unserem Fall hatten wir noch das Glück, dass gerade die Neffen Bernd und David in greifbarer Nähe waren, denn so schnell konnten wir gar nicht schauen, hatte sich David, der Meister an der Steirischen Harmonika, schon sein Instrument geschnappt um zusammen mit Joseph zu musizieren – da hätten wir noch bis tief in die Nacht sitzenbleiben können.

Der Schallerwirt ist ein Fest – auch für die volkstümlich ungeschulten Ohren. Und der Magen freut sich mit: Denn Joseph zaubert mit regionalen Zutaten, Kräutern und viel Traditionsbewusstsein tolle Gerichte, die von der Brennnesselcremesuppe bis zum Maiwipferlparfait reichen. Wir konnten uns anhand eines Wildragouts mit Rotkraut und »Spotzen« (für die Deutschen: »Nocken«) von der Küchen-Zauberkraft des Herrn Schnedlitz überzeugen und sind überzeugt.

Man ahnt es, oder? Joseph kennt sich in der Natur wirklich gut aus und gibt sein Wissen auch gerne weiter. Das und die Möglichkeit bei Wander- & Jodel-Seminaren oder Pilz-Safari-Wochen mitzumachen, Almwellness auszuprobieren, Kochseminare zu besuchen oder einfach nur die wunderschöne Gegend rundherum zu erkunden (im Sommer wie im Winter), macht die Adresse Krakauebene 55 zu einem echt besonderen (Luftkur-)Ort.

Und wer nicht genug bekommt vom Schallerwirt, der mietet sich einfach ein: Neun Zimmer und vier Appartements auf Drei-Stern-Niveau stehen zur Auswahl – dann bleibt auch genug Zeit, um endlich Jodeln zu lernen!

Das Seckau mit Habit und Zinken

EINE KLEINE STRASSE RICHTUNG BERG. UND DANN: WAS IST DENN DAS FÜR EIN RIESENGEBÄUDE MITTENDRIN IM ORT? KLAR, STIFT SECKAU, »HOME SWEET HOME« DER BENEDIKTINERMÖNCHE UND EIN ORT, WO MAN MAL EIN BISSCHEN LEISE SEIN KANN.

Seckau ist eine Marktgemeinde mit ungefähr 1.300 Einwohnern und – zur Geburtsstunde dieses Textes - acht Mönchen. Hier ist die Abtei schon echt das Ortszentrum, da kann man jetzt religiös oder gläubig sein, oder auch nicht. Der Besuch der Abtei lohnt vielleicht trotzdem: Man kann Ausstellungen und Konzerte besuchen, unangemeldet bei Führungen mitmachen, mehrfach prämierten Schnaps kennenlernen und verkosten oder einfach nur zur Ruhe kommen, wenn das gerade höchste Priorität hat.

Zur Ruhe kommen heißt nicht nur, im Abteigarten auf der schönen grünen Wiese zu liegen oder sich in der Kirchenbank zu verschanzen, sondern sich wirklich in Stift Seckau einzuquartieren, denn es gibt Nächtigungsmöglichkeiten für Interessierte.

Unweit des Klosters gibt es den Hofwirt. Dort kann man heiraten, essen, Kaffee schlürfen oder einfach den Ausblick auf Stift Seckau genießen. Wem der Sinn nach Süßem steht, der wird wahrscheinlich in der Café-Konditorei Regner fündig. Dort gibt es den handgemachten Seckauer Lebkuchen. Für uns ist dieses Gebäck nicht nur zur Weihnachtszeit ein Highlight.

TIPP:

Zum Wandern:

Was ist nun, wenn es höchste Priorität ist, einen Gipfel zu erklimmen? Dann kann man weiterfahren zum Gasthaus Steinmühle und sich auf den Gewaltmarsch zum Seckauer Zinken vorbereiten. Diese technisch wenig anspruchsvolle Wanderung erfordert eher Durchhaltevermögen und Kondition, um immer brav bergauf, 1.500 Höhenmeter später, den Gipfel des Seckauer Zinkens zu bezwingen. Eine Wanderung, nach der man sich selber auf die Schulter klopft, weil man durchgehalten hat und die auf alle Fälle schön ist.

Die Berge

Sie sind in diesem Buch ein fröhlicher Zusammenschluss des sanften Ausseerlands mit den Regionen rund um den Hohen Dachstein. Mit dabei sind natürlich auch der grimmige Grimming und der Nationalpark Gesäuse mit seiner herausragenden Hochtorgruppe. Weiter drüben Richtung Osten begegnen uns der gamsbeladene Hochschwab und die Veitschalpe. In Ortschaften gesprochen sagen wir ein herzliches »Grüß Gott« zu allem und jedem zwischen Altaussee, Ramsau, Bruck an der Mur, Mürzzuschlag, Mariazell und Altenmarkt.

Oberösterreich
Salzburg
TOTES GEBIRGE
ALTAUSSEE
BAD AUSSEE
PÜRGG
IRDNING
LIEZEN
ADMONT
ROTTENMANN
GESÄUSE
ENNSTALER AL
ROTTENMANNER TAUERN
DACHSTEIN
HAUS
SCHLADMING
SCHLADMINGER TAUERN
Das Murtal

HIER GIBT'S:

Die Berge im schönen Norden

MOLKEREI
1998
1997
QUALITÄTS-
MILCH
PRÄMIERUNG
STEIERMARK
1979
1982
1983

Einmal mit Lederhose bitte!

VOM STRAUSSENEI ZUM DACHSTEIN IST ES EIN WEITER WEG, DENKT MAN. IN WAHRHEIT IST'S NICHT EINMAL EINE STUNDE, DIE MAN BRAUCHT, UM IM ENNSTAL VON A NACH B ZU KOMMEN. UND DER GRIMMING GRINST DABEI AUF EINEN HERUNTER UND AMÜSIERT SICH.

Viele Steirer kennen das Ennstal, weil sie so nach Salzburg oder München fahren. Oder weil sie schon mal in Stainach-Irdning umgestiegen sind. Manche waren bereits am Dachstein oder Skifahren in Schladming, auf der Tauplitz oder der Ramsau. Ein paar waren dann sogar schon wandern. Darunter sind jetzt auch wir. Und wer mit offenen Augen und einem herzlichen »Griaß enk« auf den Lippen durchs Ennstal steigt, der hat bald eine Menge Schnaps getrunken und vielleicht auch ein paar neue Freunde dazugewonnen. Ein Paradebeispiel waren da Ulrike und Franz Titschenbacher, die im malerischen Altirdning einen Kuhstall zu Appartements umgebaut haben. Ganz klar, dass wir dort und garantiert nirgendwo anders unser Zelt aufschlagen wollten, um die Sternfahrten rund um das Argusauge des Grimmings zu beginnen.

Selbst ist die Butter

Bevor wir noch das Frühstück am nächsten Tag kosten konnten, wurde uns Pures eingeschenkt. In flüssiger Form. Gemeinhin auch Schnaps genannt. Das ist scheinbar das, was man im Ennstal macht, wenn man ein neues Ferienappartement bezieht. Das steigert die Vorfreude auf den Urlaub am Bauernhof, den die Familie Titschenbacher – gemeinsam mit kleinen Katzerln – zum unvergesslichen Erlebnis macht. Denn auch abends kommt es vor, dass man sich mit den Nachbarn und den Gastgebern im gemütlichen Gemeinschaftsraum, umgeben von uralten, ins ehemalige Stallholz

-familie titschenbacher-

eingeritzten, Sprüchen wie »Auf Hitz und Regen folgt Gottes Segen«, zusammensetzt und über alte Ennstaler Traditionen wie den kleinen Strauß Blumen, den man sich bei der Sonnenwende segnen lässt, spricht. Und dann bringt man seine Glieder in die Waagrechte, nur um am nächsten Tag von Sonnenschein und einem Kuh-Muh geweckt zu werden.

Plötzlich hat man ein Gefühl, das einem ansonsten nur das Christkind schenkt: Auf der Tür hängt das Sackerl mit Brot. Und vor eben dieser Tür steht ein Korb mit kariertem Polster, auf dem frische Milch, selbsgemachte Butter, die Eier glücklicher Hühner und Honig aus dem Sölktal auf einen warten.

Griaß enk!

Was man im Ennstal schnell lernt, ist, dass der »Hallo tot ist«, wie man so grausam sagt. Hier lebt das »Griaß di« und natürlich das »Griaß enk«, das wirklich so geschrieben wird. So kommt man nicht nur am Grimming weiter, sondern

Huberhof
Altirdning 16
8952 Irdning
0660 6470626
www.urlaubimstall.at

auch auf der Viehbergalm auf freundliche, adäquate Art und Weise zum persönlichen Steirerkas-Brot und im Tal zur täglichen Dosis Libella-Kracherl. Am besten schnallt man sich dazu natürlich ein Dirndl um oder zeigt die Wadeln in der Lederhose ganz ungeniert her. Wanderschuhe sollten hier immer im Gepäck und bestenfalls auf den Füßen sein – denn hier wandert man wunderbar!

Perfect Click

PÜRGG

Peter Rosegger nannte es das »Kripperl der Steiermark«. Wir nennen es eine Ansammlung aus »erln«. Da wäre zum Beispiel ein Kircherl in der Mitte vom Ort und dann ein Kircherl, das auch »Johanneskapellerl« genannt werden kann und wertvolle Fresken aus dem 12. Jahrhundert intus hat. Vielleicht die besterhaltensten in ganz Europa. Dann sind da ein paar auf den Fels geklebte Häuserl.

Wenige Parkplatzerl, die das Reinfahren ins Orterl eher zum Abenteuer machen. Und Fensterl mit Blumenbankerln gibt es natürlich auch. Egal, ob man eine ausgewachsene Kamera oder ein Handy-Spuckerl mit sich trägt: Hier kann man zwischen all den Pelargonien und uralten Häuserln tolle Motive schießen. Der Grimming erstrahlt natürlich als graue Eminenz im Hintergrund.

TIPP:

Und niemals vergessen darf man die Weihnachtszeit, denn da verwandeln sich alle Garagen, Ställe, Tennen und viele Häuser in liebevoll dekorierte Teile des Adventmarktes, der quasi das ganze kleine Pürg-g(erl) miteinschließt.

Rezept

Sauerrahm-Soufflé mit Beerenröster

Spezialität aus Pürgg

Zutaten für 2 Esser

4 Eier, 3 EL Zucker, 4 EL Sauerrahm, 1 Prise Salz,
½ EL Vanillezucker, Zitronenschale, Mehl

Zutaten für die Beerenröster:

2 EL Kristallzucker, 250 g Beeren, Rotwein, Rum, Zitronensaft,
Vanillezucker und Zimt, 3 EL Gelierzucker

1. Eidotter und Eiklar voneinander trennen und das Eiklar mit Zucker zu Schnee verschlagen.

2. Die Dotter werden mit Mehl, Sauerrahm, Salz, Vanillezucker und der geriebenen Zitronenschale vermengt.

3. Den Schnee zur Dottermasse hinzufügen und in eine Porzellanschüssel geben. Dann bei 200°C für etwa 15 Minuten backen.

4. Beerenröster: Einen Topf erhitzen und den Kristallzucker darin karamellisieren lassen. Schnell mit Rotwein ablöschen und die Beeren sowie die restlichen Zutaten beimengen. Das Ganze etwas einreduzieren lassen und mit Gelierzucker verdicken.

Gutes Gelingen!

Tipp der Autorinnen:

Der Beerenröster funktioniert auch gut mit
Zwetschgen (= Pflaumen).

Gasthaus Krenn

Die Viehbergalm

NOMEN EST OMEN: AUF DER VIEHBERGALM SIND VOR ALLEM KÜHE ZU HAUSE. ABER GANZ ALLEINE WERDEN SIE DORT DANN DOCH NICHT GELASSEN, DENN SIE KRIEGEN BESUCH VON WANDERERN, RADFAHRERN UND DER MARIANNE VON DER RITZINGERHÜTTE.

Dort oben auf 1.445 Metern Seehöhe läuft die Milchproduktion auf Hochtouren und diese frische Zutat wird auch dringend gebraucht, nämlich für den Ennstaler Steirerkas der Marianne Gruber. In der Ritzingerhütte kann man den würzigen Freund dann probieren, denn die Sennerin verarbeitet die frische Milch gleich oben auf der Alm.

Der Klassiker ist es, diesen Bröselkas auf einem Butterbrot zu verteilen beziehungsweise die Einheimischen lieben ihn besonders, wenn er als Steirerkrapfen verkleidet ist. Wer dem gebröselten Steirerkas nicht ganz so zugetan ist, der kriegt auf der Ritzingerhütte natürlich auch andere Sachen: Speckbrot oder Brettljause zum Beispiel. Wobei unsere Spezialempfehlung nur sein kann: Die frischen, süßen Bauernkrapfen mit Marmelade! Und dazu vielleicht ein Almkaffee mit Schnaps. Na bumm!

Wenn nun sofort der Kalorienzähler im Hirn angesprungen ist, dann hier des Rätsels Lösung: Es ist gar kein Problem sich bei der Marianne auf der Ritzingerhütte ein bisschen durch die Alm-Speisekarte zu kosten, weil zur Viehbergalm kommt man eigentlich nur zu Fuß oder mit dem Mountainbike. Wir haben für den gewanderten Aufstieg ungefähr eineinhalb bis zwei Stunden gebraucht. Der Abstieg geht dann bekanntermaßen etwas flotter – vor allem mit dem Almkaffee in den Oberschenkeln.

P.S.: Man kann die Wanderung natürlich auch etwas verlängern, indem man von der Viehbergalm zum Miesbodensee weitermarschiert.

Ritzingerhütte auf der Viehbergalm

Marianne und Matthias Gruber
Winkl 79
8962 Gröbming
0676 9459817

www.ritzingerhuette.at

Ach du dickes Ei!

FAMILIE SCHWAB IN NIEDERÖBLARN IST AUF DEN STRAUSS GEKOMMEN.

Man würde eigentlich nie erraten, dass einen der gute alte Vogel Strauß erwartet, wenn man die Straße auf den Gritschenberg hochfährt. Wegen der wunderschönen Aussicht auf den Grimming würde man da schon eher auf Hochlandrinder oder ähnliche Höhenluft erprobte Tierarten kommen.

Aber seit 2008 wohnt im Zimmer mit schöner Aussicht eben eine Straußenkolonie und diese zu besichtigen ist nicht nur für Kinder etwas Aufregendes. Man kann sich beim Gehege Futter aus dem Automaten drücken und dann mit aufgehaltener Hand darauf warten, dass sich Herr oder Frau Vogel Strauß diese Körner holen. Der Moment, in dem sich der Straußenkopf dann in Richtung eigene Hand aufmacht, der ist fürwahr ein Erlebnis! Echt!

Wer schon wieder ans Essen denkt: Ja, die Straußenhennen legen große Eier und zwar 2-3 pro Woche. In Eierspeisportionen gedacht, entspricht eines dieser Eier 20 bis 25 Hühnereiern.

Aber jetzt wieder weg von der Eierspeis hin zur Rollenverteilung unter den Vogel Straußen: Beachtlich finden wir die Info, dass sich Herr Vogel-Strauß zu zwei Dritteln am Ausbrüten beteiligt. Interessant.

TIPPS:

- Waldhäuslalm im Untertal
- Marktcafé in Irdning
- Eis im Café Schnuderl in Liezen
- Zipline in Gröbming (Stoderzinken)

Straussenstub´n Schwab

Gritschenberg 40
8960 Niederöblarn
0660 6572532

www.straussenhof-schwab.at

Extra-Tipp:

Alle Augen auf, sollten gerade die Öblarner Festspiele stattfinden: Der ganze Ort spielt mit.

DREI HAUBEN LOKAL

SAIBLING ALS SUSHI VERKLEIDET

Wer mit Knödeln aufwächst, der kann eine Menge vom Genuss erzählen. Aber vor allem kann er solchen bereiten. Christian Schilcher deckt in seiner kleinen Steirerhütte bei Mitterndorf Mangalitzaschwein, Hochlandrind, Saibling und natürlich Knödel auf.

Frecher kann man eigentlich nicht sein. Aber wenn man hungrig ist, dann liegen die Nerven blank. Zumindest bei uns. Und da kein Platz mehr auf der Knödl-Alm war und uns sowieso der Knödl-Sprößling von allen Seiten empfohlen wart, war der Weg nicht weit und der Saibling das Ziel. Christian Schilcher hat eine kleine Hütte, die im flachen Tal bei Mitterndorf etwas deplatziert und eher wie Wilder Westen anstatt wie eine Almhütte aussieht.

Auf jeden Fall spielten wir mit offenen Karten und blickten Koch Christian tief in die Augen, so tief sogar, dass er unsere leeren Mägen sehen konnte. Und siehe da, er gab uns ein Platzerl. Inzwischen hat sich bei Einheimischen und Zugereisten herumgesprochen, dass hier nicht nur gut Kirschen, sondern eigentlich gut alles essen ist. Darum sind die Tische schneller weg als warme Schokoknödel.

Am besten man kostet sich einmal quer durch die Speisekarte, die es eigentlich gar nicht gibt, da alle Gerichte an einer Tafel stehen. Den Sushi-Saibling, der Fisch der früher den Adligen vorbehalten war, heute in japanischer Tradition, dann ein Steak vom Hochlandrind und vielleicht zum Abschluss noch Nougatknödel? So haben wir es zumindest gemacht und wir würden es jederzeit wieder tun! (Nachtrag: Nach eineinhalb Stunden waren die Mägen gestopft und die Stimmung gut. Ein richtiger Steirerhütten-Effekt!)

Steirerhütte
Am Sonnenplatzerl 1
8983 Bad Mitterndorf
0664 4380730
www.steirerhuette.at

Jaeger statt Gejagter

ORT DES GESCHEHENS: PLANNERALM. GESCHEHEN: INSTINKTIVES BOGENSCHIESSEN IM ROBIN HOODLAND VON HEINZ LACKNER.

Als Erstes hören wir gleich mal folgenden Satz: »Man muss abschalten können, sonst trifft man nicht. Loslassen ist das Stichwort.« Hört sich an, wie aus der Selbsthilfeabteilung des Brigitte-Hefts. Aber es stimmt wirklich. Später am Übungsplatz zeigt sich dann erbarmungslos, wer den Schalter umlegen kann und wer nicht.

Was beim instinktiven Bogenschießen nämlich benötigt wird, ist Koordination und mentale Kraft. Daher ist der 3D Parcours auf der Planneralm auch sehr beliebt bei Gruppen, und zwar fürs neudeutsche »Teambuilding«. Wer mit Abschalten und Koordination nicht so viel am Hut hat, der kann den Bogen gleich zur Seite legen und in die Hütte sitzen gehen.

Der Parcours

Im Robin Hoodland von Heinz Lackner stehen 35 Plastiktiere bereit, die imaginär erlegt werden wollen. Da höre ich schon gleich die Stimmen »Wie kindisch ist das denn« oder »Wieso schießt man bitte auf Plastiktiere, ist doch blöd« etc. Wir konnten uns vor der ersten Begegnung mit dem Robin Hoodland auch kein Bild machen. Heute sagen wir: Gott sei Dank Plastiktiere und es macht echt Spaß!

Man hat drei Versuche (also drei Pfeile) pro Tier und je nach Treffsicherheit und Gelassenheit bekommt man dann die Punkte – oder auch nicht. So geht es dahin – Station für Station – im bezaubernden Almgebiet. Insgesamt pirscht man dreieinhalb Kilometer über Stock und Stein und geht dem uralten Jagdinstinkt nach.

Jeder hat mal klein angefangen

Dass der Bogensport mittlerweile schon wieder viele Anhänger gefunden hat, kriegen die wenigsten mit. Daher ist in den meisten Fällen davon auszugehen, dass Besucher kommen, die keine Ahnung haben, was zu tun ist, wenn sie Pfeil und Bogen in die Hand gedrückt bekommen. Es ist nämlich nicht so leicht wie es aussieht.

Heinz Lackner heißt die Neulinge des Bogensports herzlich willkommen und man bekommt eine professionelle Einschulung, bevor man dann hinausgelassen wird in die Welt des 3D Parcours. Es ist auch reichlich Leihausrüstung vorhanden, somit steht dem Ausprobieren eigentlich nichts mehr im Weg.

Jugend- und Familiengästehaus Lackner

Planneralm 26
8953 Donnersbach
03683 8175
www.bogenschiessen.at

Shopping Queen

LATSCHENBRENNEREI PLANNERALM

Seit 2014 funkelt die Latschenbrennerei auf der Planneralm in frischem Glanz – denn eine neue Hütte musste her! Helles Holz leuchtet einem vom Parkplatz schon entgegen und in der Hütte selbst kann man ein bisschen Shopping Queen sein, denn dort ist man von A-Z auf die wohltuenden Eigenschaften der Latschenkiefer eingestellt. Von Aufguss bis Zuckerl gibt es hier alles Notwendige zu erstehen, um bei Erkältungen oder Muskelkater gewappnet zu sein.

www.latschenbrennerei.at

I bin halt slow!

EINE KLEINE FRAU. EIN GROSSES KALIBER. SIE HAT DIE KOCHKISTE WIEDERENTDECKT UND BEVORZUGT EINE ECHTE HOLZKÜCHE WEIT VOR DEM LUXUSAUTO: AGNES LEMMERER FÜHRT DIE SÖLKSTUB'N MIT VIEL ALTEM WISSEN UND EINEM ANSTECKENDEN LACHEN.

Wenn man einen Pass ansteuert, dann scheint es immer ein bisschen, als würde man ans Ende der Welt fahren. Im Sölktal ist das in den Wintermonaten bis in den Mai hinein auch so, denn dann ist der Sölkpass gesperrt und die Fahrt ins benachbarte Murtal kann man sich aufselchen.

Besonders in diesen Momenten, aber auch generell, zahlt sich die Fahrt zu Agnes Lemmerer aus. »Bei uns im Enns- und Sölktal gibt es viele Lemmerers. Das ist ein ganz gängiger Name«, sagt uns die nette Lady im Dirndlrock. Mit unserem Buchgestalter Simon ist sie nicht verwandt. Aber so ist das scheinbar mit den Lemmerers rund um Irdning.

Die Fliesen im Klo sind mittlerweile schon bald Vintage und die gelben Blumen an den Wänden deuten auf eine lange Gasthaus-Tradition hin – und wahrlich, wer in der Stub'n isst, merkt, dass hier etwas ganz Besonderes dahintersteckt. Allein die Übung kann nicht der Grund sein. Das Geheimnis liegt einerseits darin, dass es für Agnes sonnenklar ist, dass »wir in Gottes Apotheke« leben und sie andererseits eine Schatzkiste gefunden hat.

Sölkstub'n

Agnes Lemmerer
Mössna 194
8961 St. Nikolai im Sölktal
03689 281
www.soelkstubn.at

Die Rede ist von der Kochkiste, die sie hütet, wie einen Schatz. Der Prototyp dieser isolierten Holzkiste, die Agnes beim Schmökern in einem alten Kochbuch aus dem 19. Jahrhundert entdeckt hat, wurde gemeinsam mit Schülern aus Gröbming entwickelt. Inzwischen sind die Kisten aber schon professionalisiert und in der Sölkstub'n sind mittlerweile immer um die sieben in Verwendung. Dort werden Reis, Getreide, Fleisch, Knödel – kurz: alles, was das Herz im Sölktal begehrt – zubereitet. Und zwar punktgenau.

Wie das funktioniert?

»Man kocht das Gericht kurz am Herd auf, dann stellt man es ins gut isolierte Kochkistl. Dort köchelt es dann vier Stunden dahin, bis es dann nur mehr 70 Grad hat. Je nachdem, um welches Gericht es sich handelt, kann man es dann entweder genießen oder eben weiterverarbeiten.« Stromsparend? Aber klar! Nicht umsonst hat Agnes »I bin halt Slow« Lemmerer die erste »Slow Food« Küche der Steiermark.

Deswegen gibt's in ihrer Übernachtungs-Pension auch warmes Getreidemüsli zum Frühstück – denn im Kochkistl wird bei der langen Zubereitung das Getreide gespalten. Das macht auch der Verdauung Spaß. Ziemlich cool ist auch der nahe gelegene Jesuitengarten, aus dem die Sölkstub'n Gemüse und Obst bezieht. (Dort kann man auch Führungen machen!)

GÄBE ES IN DER STEIERMARK EINEN »WALK OF FAME« FÜR BERGE, DANN HÄTTE DER DACHSTEIN DORT WAHRSCHEINLICH DEN GRÖSSTEN STERN.

Der Hohe Dachstein und Surroundings

DIE BERGE DER STEIERMARK WERDEN VON IHM REGIERT. DIE MENSCHEN STRÖMEN DORTHIN, UM DIE DÜNNE LUFT AUF FAST 3.000 METERN SEEHÖHE UND DARUNTER ZU SCHNUPPERN. DIE STEIRER BESINGEN IHN IN IHRER HYMNE UND DIE UNESCO ERKLÄRTE IHN ZUM WELTERBE. DER DACHSTEIN WIRKT ANZIEHEND. ABER WARUM IST GERADE ER DER STAR AM STEIRISCHEN BERGHIMMEL?

Gäbe es in der Steiermark einen »Walk of Fame« für Berge, dann hätte der Dachstein dort wahrscheinlich den größten Stern. Vielleicht liegt die Bekanntheit einfach an der Tatsache, der höchste Berg der Steiermark zu sein. Oder daran, dass mit Schladming und Ramsau zwei gewichtige Touristenmagnete am Fuße der Dachstein-Südwände ihre Kräfte walten lassen.

Hier wird intensiv mit dem Bergabenteuer geworben und viele folgen dem Ruf nach Spaß und Erlebnis in der Höh' und im Tal – auch viele Steirer selbst. Zählt man sich zu den bekennenden Bergjungfern, dann kann man sich geführten Wander- und Klettertouren anschließen oder sich – noch besser – seinen persönlichen Bergführer schnappen. Wer schon Höhenluft intus hat, der wird sich in dieser Region in den Bereichen Wandern, Klettern oder Mountainbiken im Schlaraffenland wähnen, denn Auswahl für unterschiedlichste Touren gibt es genug. Es gibt etwas für die Geübten und was für die Gemütlichen, was für die Schnellen und was für die Langsameren, was für die Kleinen und was für die Großen.

Ein kleiner Auszug aus der Wander(speise)karte:

- Für die Geübten: Die Klafferkessel-Tour
- Für die Gemütlichen: Ursprungalm - Giglachseen
- Für die Schnellen: Der Schladminger-Tauern-Höhenweg (mehrtägig)
- Für die Langsameren: Steirischer Bodensee
- Für die Kleinen: Hochwurzen
- Für die Großen: Silberkarklamm an heißen Sommertagen

Im Winter ist die Region bekannt für das Erlebnis im Schnee, sei es Langlaufen, Skifahren oder Tourengehen. Aber das ist eine ganz andere Geschichte…

Action Hero

WILDE WASSER SIND SCHÖN

Raus aus dem Remmidemmi rund um Schladming und Ramsau und hineingeschlüpft ins entzückende Untertal. Gleich haben wir uns hier pudelwohl gefühlt.

Hier dreht sich alles um den Wanderweg »Wilde Wasser«, der in Teilstrecken unterschiedliche Bedürfnisse stillt. Die Etappe Numero 1 gehört zu den leichteren Abschnitten. Sie ist auch mit Kinderwagen machbar und startet in Schladming beim Kraiter-Parkplatz. Wer nun die Untertal-Luft genauso gerne mag wie wir, der gehe zur Etappe Numero 2. Auch diese Etappe taugt als Familienwanderung und hat mit dem Tettermoor ein besonderes Platzerl zu bieten.

Dritte Strecke: Das Ziel heißt Riesachwasserfall, auf dem Weg dorthin befindet sich die bei Kindern beliebte Waldhäuslalm. Etappe Nummer 4 nennt sich Alpinsteig »durch die Höll'«. Wer schon das Schlimmste annimmt, dem sei gesagt, es wird nun mittelschwer! Wer den Höllenritt wagt, der wird nach Bezwingung einer 50 Meter langen Seilhängebrücke und nach Niederringen der Treppen und Leitern mit dem idyllischen Riesachsee belohnt. Strecke 5 wird als schwer eingestuft und lässt Bergfex-Herzen höher schlagen. Es handelt sich dabei um die bekannte und beliebte Klafferkessel-Tour und man muss ungefähr zehn Stunden Gehzeit einplanen. Daher nutzen viele Wanderer die Preintaler- oder die Gollinghütte für eine bekömmliche Übernachtung. Angenehm ist, man kann nach dem Wilden Wasser mit dem Wanderbus zurück nach Schladming düsen und die Wanderschuhe an den Nagel hängen – nur zum Trocknen natürlich!

Der Nabel Oesterreichs

IRGENDWER MUSS IMMER IM MITTELPUNKT STEHEN. IN ÖSTERREICH HAT DIESES LOS AUSSEE GEZOGEN. VIELLEICHT HEISST DESWEGEN DER HAUSBERG LOSER? ES GIBT WAHRSCHEINLICH KAUM EIN VOLK MIT SO VIELEN LIEBENSWERTEN EIGENSCHAFTEN. ABER AUCH KAUM EINES, DAS SICH DESSEN AUCH SO BEWUSST IST.

Hugo von Hoffmannsthal, ein österreichischer Schreiberling, hat mal gesagt, dass ihm die Herbstmonate in diesen Gefilden das Wichtigste und Kostbarste im ganzen Jahr sind. Wir finden eigentlich alle Jahreszeiten bezaubernd. Aber das ist wahrscheinlich einfach der Charme der Seen, der weichen Hügel und der schroffen Berge, gepaart mit den erfolgsverwöhnten Einwohnern, die einfach wissen, dass sie etwas ganz Besonderes sind. Und das merkt man auch jedem an. Für die Ausseer wäre es die Idealvorstellung, ein eigenes Bundesland namens »Salzkammergut« von der österreichischen Regierung geschenkt zu bekommen. So wie sie einst dem Erzherzog Johann die Anna Plochl anvertraut haben. Ein Liezener Kennzeichen fahren zu müssen, ist etwas, das rund um den Loser wirklich weh tut.

Traditionell geht's her

Einst war das Ausseerland für sein Salz bekannt. Heute ist es das hauptsächlich für seine Traditionen. Jedes Kind in Österreich assoziiert eine Narzisse mit dem

DIE AUSSEER LIEBEN DAS SCHIFFERLFAHREN UND ZEIGEN ES AUCH IHREN GÄSTEN BEI DER 3-SEENTOUR, DIE MAN AN ALLEN ECKEN UND ENDEN BUCHEN KANN.

gleichnamigen Fest, und auch Dirndl und Lederhosen gehören ursprünglich eigentlich ins Salzkammergut. Denn auch als in Graz »Aufsteirern« noch nicht zum Hyperevent gemacht wurde, waren die Ausseer stolz auf ihre maßgeschneiderte Lederhose und das Sonntagsdirndl. Beides führt man auch heute noch auf dem berühmten, feucht-fröhlichen Altausseer Bierzelt aus – einem der schönsten Kirtage im Lande, auf dem Lautsprechermusik ebenso verpönt, wie das Grillhenderl beliebt ist.

Und wer's ganz original haben will, der organisiert im September oder Oktober eine Lechpartie, wo man den besten Saibling seines Lebens essen kann. Gut essen kann man in der Kantine 191, in Schupfer's Dorfschmiede (Hauptstraße 56, 8983 Bad Mitterndorf, 06767502858,www.schupfers-dorfschmiede.at) oder in der Fischerhütte am Toplitzsee.

Außi aus'm Tempel

Wenn die Sonne scheint und die Seen glänzen, dann macht in Aussee alles Spaß. Besondere Unternehmungen sind die leichtere Koppentalwanderung von Bad Aussee nach Obertraun, die nur 150 Höhenmeter überquert und in zweieinhalb Stunden abzuhandeln ist. Zusätzlich liegt der Loser nahe.

Die Ausseer lieben das Schifferlfahren und zeigen es auch ihren Gästen bei der 3-Seentour, die man an allen Ecken und Enden buchen kann. Spannend und geschichtlich faszinierend ist ein Besuch in den Altausseer Salzwelten, wo man lässig mal zwei Kilometer in den Berg hineinspaziert. Drinnen erfährt man dann Geschichten von Kunstwerken, die im Hollywood-Streifen »Monuments Men« auf Film gebannt wurden. Außerdem gibt es für kleine und große Kinder zwei Bergmannsrutschen.

INFOS:

Plättenfrühstück

Fischerndorf 60
8992 Altaussee
www.seevilla.at

Weißwurstbrunch in der Senferei AnnaMax am Samstag

Meranplatz 36
8990 Bad Aussee
03622 52554
www.senferei.at

Wer jetzt
noch lacht,
der hat Reserven.

ECHTE FARBEN

Shopping Queen

TRACHT IST MENTALITÄT

Aussee ist für viele ein Synonym für pures Glück. Das verhält sich nicht anders mit Rastl Tracht: Wer sie trägt ist happy. Oder unhappy und schaut trotzdem gut dabei aus. Helga Brandauer-Rastl ist ein Original. Sie trägt nicht nur Tracht, sie lebt sie. Etwa 100 Dirndl zählt ihr Kleiderschrank und sie rühmt sich damit, an 365 Tagen im Jahr Tracht zu tragen.

Denn Tracht ist Mentalitätssache – und mit der tun sich die Menschen im Ausseerland anscheinend leichter als viele andere. »Wir orientieren uns eher Richtung Salzburg und Bayern. Eine Ausseerin weiß genau, was ihr passt. Wir lassen uns keinesfalls in ein Korsett zwingen«, sagt sie überspitzt, während sie in ihrer Filiale am Bad Ausseer Meranplatz herumfegt, dass die Lederhosen nur so rascheln.

Überall und immer da

Seit 1901 gibt es Rastl Trachtenmoden schon. Und die Fülle an Kaufwütigen, die an diesem Regentag durch die mittlerweile vier Filialen streifen, deutet darauf hin, dass noch längst kein Ende in Sicht ist. 2002 hat auch Tochter Ulli Brandauer-Rastl das Geschäft übernommen. Laut den Rastls haben bereits die Bad Mitterndorfer kein richtiges Gespür für Dirndl mehr. Am schrecklichsten sei es ja, dass mittlerweile jeder Graben und jedes Dorf ein eigenes Dirndl hat. »Und dann hat auf einmal jede das haargenau Gleiche an – das ist in Aussee nicht so. Hier tragen wir alles. Nicht nur die Ausseer-Tracht!« Das ging im Krieg sogar so weit, dass das traditionell karierte Bettzeug in Schürze oder Rock verwandelt wurde.

Rastl Tracht
Meranplatz 39
8990 Bad Aussee
www.rastltracht.at

Ein Hort fuer Nebelfluechtlinge

WER HÄTTE SICH SOWAS GEDACHT? IM KLITZEKLEINEN ALTAUSSEE REIHT SICH AN LEDERHOSENMANUFAKTUR UND SÜDSTEIRISCHES PARADEISGESCHÄFT EINE EXZELLENTE KLEINE KANTINE, IN DER OTHMAR UND ANGELIKA NUR SO SCHMOREN.

Wenn der Rest von Österreich einen Nebelmantel trägt, dann fahren viele ins Ausseerland. Dort wird ihnen dann Asyl gewährt. Und wenn sie ganz viel Glück haben, dann ergattern sie einen der heißbegehrten Tische in der »Kantine 191«. »Einige unserer Gäste haben mir gesagt, dass wir hier das perfekte »Bobo-Lokal« sind. Dann hab ich mich einmal informiert, was das überhaupt ist«, sagt Othmar, der einem von Anfang an sympathisch ist. Von Gault-Millau und anderen Bewertern haben sie sich ganz bewusst abgewendet, denn sie wollen machen was sie freut und das kommt bislang ausgezeichnet an. Unter dem Motto »Wir hassen Tiefkühlgemüse« ist in der Kantine 191 alles handgemacht. Sogar die Karte. Die wird frisch und mit schwarzer Tinte geschrieben und manchmal auch mit lustigen Bildern nachgebessert. Das hilft der kulinarischen Phantasie dann auf die Sprünge. Ein bisschen liest sich dieses Einzelstück also wie ein Restaurant-Tagebuch. Wie auch die Gerichte, ist ebenso die Anzahl der Portionen begrenzt. Dafür kann man aber sicher sein: Es ist hier nicht nur gut, es ist hervorragend. »Wir lieben Schmorgerichte. Da kommt der Fleischgeschmack einfach am besten zur Geltung. Außerdem gibt es bei uns zu 100 Prozent das beste Risotto der Steiermark«, sagt Angelika.

-othmar und angelika-

TIPPS:

- Der Sisi Klettersteig am Loser.
- Um 8 in der Früh um den See gehen, das wird dann so richtig kitschig.

Kantine 191
Fischerndorf 191
8992 Altaussee
0676 4487518

UNSERE NACHSPEISE 'DER FLAÓ"
SUPER STEAK!
FLAO
UND MINZE

ÜCHENTELLER 14,9
VITELLO 11,9
COLASUPPE 4,8
CHEN von BIO LAMM 15,9
K von ANGUSBEEF 25,9
TE GEFÜLLTE PASTA 15,9
CENCO 4,8

Griaßdi

Die Hochsteiermark

DIESE REGION IST EIN RIESENDING, ALLEIN SCHON FLÄCHENMÄSSIG. MAN NEHME SICH EINE STEIERMARK-KARTE UND SUCHE SICH FOLGENDE ORTE HERAUS: SPITAL AM SEMMERING - MARIAZELL - WILDALPEN - WALD AM SCHOBERPASS - ST. MICHAEL IN DER OBERSTEIERMARK - ALPL. JA, DAS ALLES UND ALLES DAZWISCHEN IST DIE HOCHSTEIERMARK.

Im Land der tausend Gämsen sind auch unzählige Berge daheim. Von den Gipfeln ist sicher der Hochschwab der King, bei den Gämsen weiß man es nicht genau. Hier sind die Wildesser zuhause, die Schwammerlsucher, die Fischverliebten und die Natursportler. Wien bekommt zu 60% das Wasser von hier, andere nutzen das kristallklare Nass fürs Abenteuer: Auf der wilden Salza finden schon auch mal die Rafting-Europameisterschaften statt.

Liebeleien

Die Sommerfrische war hier schon Anfang des 19. Jahrhunderts ein großes Thema, heute wird sie wieder neu aufgerollt. Der Tourismus hat sich auch dem Thema Liebe angenommen, denn alte Bräuche, wie das Runterrutschen vom Heiratsstein oder ein Kuss für den flötenspielenden Faun von Leoben, sollen schon so manchem zu Hochzeits- oder Babyglück verholfen haben. Offizielle Statistiken dazu gibt es keine, lustig ist es trotzdem und vielleicht bringt's ja was. Wer schon Nachwuchs hat: Mautern ist mit Abenteuerwelt und Sommerrodelbahn ein Riesenspielplatz für kleinere und größere Kinder.

Alm im Glück

Im Sommer regieren hier die Almen, wer da ist und keine besucht, der ist selber schuld. So schlecht kann das Wetter gar nicht sein... Im Juli wandert man zum Edelweißschauen auf den witzigerweise ähnlich betitelten Edelweißboden. Zu den Klassikern gehören die Aflenzer Bürgeralm, die Fölzalm oder die Schneealm. Aber es gibt der Almen noch einige mehr, daher bitte nicht aufhalten lassen!

Schneegestöber

Im Winter stellt sich der bodenständige Hochsteirer dann auf die Langlaufski. Da wurde der Hochsteiermark gleich das »Steirische Loipengütesiegel« hinaufgestempelt. Skifahrer düsen zum Präbichl oder nach Stuhleck, Anfänger finden kleinere Skigebiete zum Üben. Rodeln, Eisstockschießen und Eislaufen gehören

zur Wintergaudi mit dazu und wer mag, der geht Eisklettern oder auf eine Skitour.

Wildfutter

Die Küchen der Region tragen zum Teil Hauben, gehören den »Wilden Wirten« oder treten als gemütliche Almhütten auf. Das Kochen mit heimischen Lebensmitteln und Produkten ist selbstverständlich und kein Marketing. Wurzelspeck, Wildragout, Fedlkoch und Streuobststrudel gehören hier probiert und nicht anderswo.

In Bruck durch die Nacht

NACHTWÄCHTER GIBT'S SCHON LANGE NICHT MEHR? IN BRUCK IST DAS ZUM GLÜCK NICHT SO, DENN HELGA PAPST FÜHRTE UNS ALS VERMEINTLICHE EHEFRAU EINES NACHTWÄCHTERS DURCH DAS DUNKLE BRUCK AN DER MUR UND DECKTE DABEI SO MANCHES GEHEIMNIS AUF.

Bruck hat einen beträchtlichen Altstadtkern. Irgendwie logisch, denn die Stadt ist neben Graz die älteste der ganzen Region. Als wir dort parken, legt sich bereits ein dunkler Schleier über die Häuser, was hier aber überhaupt nicht nötig wäre, denn immerhin wirken die historischen Gebäude sehr herausgeputzt. Vor allem das gotische Gebilde am Hauptplatz leuchtet sofort heraus, weil es fast venezianisch aussieht. Doch uns sticht etwas ganz anderes ins Auge: Ein Vergnügungspark. Mitten am Hauptplatz. Unsere Ansichten zu dem Fahrgeschäft »Breakdance« sind geteilt und somit bleibt es dabei, dass wir dem Getümmel

nur als unbeteiligte Beobachter zusehen. Schlussendlich gehen wir Richtung Mur und, als würde es uns magisch zu den für uns relevanten und sympathischen Plätzen ziehen, stehen wir auf einmal vor dem Baderhaus, das – wie wir später erfahren sollten – eine belebte Vergangenheit hatte. Plötzlich sind wir in einem

Kleine und große Nachtwächter

Fast kommen wir zu spät zum Treffpunkt mit Nachtwächterin Helga Papst. Naja, Nachtwächterin ist sie ja eigentlich gar nicht, sondern ihr Mann. Aber sie schildert uns, dass dieser schon in seinem Bett schnarcht und irgendwer sich ja um Recht und Ordnung und Licht und Nicht-Licht im mittelalterlichen Bruck an der Mur kümmern muss. Im gleichen Moment teilt sie winzig kleine Äpfel aus, denen man das »bio« schon ansieht. Irgendwann lüftet sie dann auch ihre schwarze Kapuze und zeigt uns Neugierigen – die Gruppe ist inzwischen zu einer fast unüberschaubaren Größe angewachsen – ihren langen Zopf. Haar zu zeigen war ja im Mittelalter total verpönt. Uns gefallen vor allem ihre ledernen Halbschuhe. Fast hätten wir gefragt, wo sie diese denn ge-

kleinen Hotel und erkunden es gleich mit der Gastgeberin, die mit viel Liebe zum Detail jedes Zimmer komplett anders und erfrischend neu gestaltet hat. Im Geiste planen wir schon den nächsten Aufenthalt in Bruck an der Mur – der natürlich nur mit einer Nacht in diesem Hotel mit dem knallig roten Kühlschrank im Frühstücksraum verbracht werden kann.

kauft hat. Auf der Tour durch die Stadt wird natürlich die Laterne ebenso mitgenommen wie der Stock, auf dem ein Haken befestigt ist. Kenner nennen ihn Hellebarde. Dieser darf immer jeweils von einem anderen neugierigen Lauscher getragen werden – bevorzugte Träger waren natürlich die Kinder.

Stadt anders

Und schon geht unser Streifzug los. Wir erfahren einiges über das historische Kornmesserhaus und den Eisernen Brunnen, der für die Brucker ja wie ein Wahrzeichen ist. Dann gibt es natürlich noch den Uhrturm, der einst Teil der Stadtmauer war. Und da wären wir auch schon beim Thema: Die mittelalterliche Mauer kann man auch heute noch wunderbar an gewissen Stellen entdecken und Helga Papst kennt sie natürlich alle. Auf der Brücke mitten auf der Mur liefert sie uns halsbrecherische Anekdoten aus den abenteuerlichen Kapiteln der Murschifffahrt, die aus strömungstechnischen Gründen nur recht kurz ihren Höhepunkt erreicht hat. Dazu teilt sie Dosen mit verschiedenen getrockneten Früchten aus. Als der Mensch noch keine Marmelade machte, trocknete er diverses Obst einfach, um auch im Winter etwas davon zu haben.

Von den Kirschen hätten wir im Nachhinein gern noch ein paar mehr genommen, waren aber sehr anständig und ließen auch den anderen was übrig. An der Mur ging es dann weiter zum Baderhaus, dessen heutige Identität eine Mischung aus Hotel und Weinbar ist. Im Mittelalter war das anders, das durfte den Kindern in der Runde nicht verraten werden. Na? Haben wir die Phantasie schon angekurbelt? Läuft das Kopfkino schon?

TIPPS:

Zum Baderhaus Hotel

Ringelschmiedgasse 7
8600 Bruck an der Mur
0664 42 18 104
www.baderhaus.at

Weinerei

Schiffländ 15
8600 Bruck an der Mur
03862 56325
www.weinerei-baderhaus.at

Nachtwächterführung

Termine und Infos unter der Website: www.bruckmur.at
Anmeldung unter 0664 735 246 88 oder helga.papst@gmx.at

TIPP:

Bäckerei Köck

Wienerstraße 88
8680 Mürzzuschlag
03852 2390
www.baeckerei-koeck.at

Ein gutes Brot muss sein

DIE ZEITEN SIND NICHT MEHR WIE SIE MAL WAREN FÜR DIE BÄCKERSZUNFT, DENN HEUTE WIRD BROT UND GEBÄCK SCHON ZU EINEM SEHR HOHEN ANTEIL IM SUPERMARKT GEKAUFT. WAS DAFÜR SPRICHT, AUCH MAL IN DIE GUTE ALTE BACKSTUBE HINEINZUSCHNUPPERN, DAS VERRÄT UNS DOMINIK KÖCK.

Es ist wie so oft die Regionalität, die den Punkt zum Knacken bringt. Bei der Bäckerei Köck kommt das Mehl aus der Steiermark, die Eier von in Weiz sesshaften Hennen und die Chemie, die kommt erst gar nicht ins Haus. Der Teigling wird nicht vorgefertigt, sondern ist frisch. Die Semmel wird von Hand geformt und bekommt nicht den Einheitsbrei-Stempel aufgedrückt, denn dass immer alles gleich ausschauen muss, ist eigentlich eine sehr unnatürliche Entwicklung.

Köcks Brot und Gebäck gibt es in keinem Supermarkt, sondern nur in den 13 Filialen, die von Leoben bis Wiener Neustadt angesiedelt sind. Dort kann man aus einer gesunden Brotauswahl aussuchen, den Gaumen mit Nusskipferl kitzeln oder den Frühstückskaffee einnehmen. Und dort arbeiten die Mitarbeiter zu Zeiten, die wir uns gar nicht vorstellen wollen und zu Musik, die wir uns sehr wohl vorstellen möchten, denn da spielt es dann Funk und Soul und so Lieder wie »Bakerman«.

Seit Großvaters Zeiten bereits, nämlich seit 1955, wird bei Familie Köck das Backen großgeschrieben. Heute steht Dominik Köck (nebst Papa Robert) WIRKLICH früh auf, sorgt sich um die besten Zutaten, sucht nach Öfen für gute Brotkrusten und stellt den Anspruch, die traditionelle Backkunst ins 21. Jahrhundert zu verfrachten. Da fehlt für uns jetzt nur noch eins: Eine Filiale in Graz!

Perfect Click

GRÜNER SEE

Um ganz ehrlich zu sein, ist der Grüne See wahrscheinlich am besten mit einer ausgegorenen Unterwasserkamera festzuhalten. Und zwar im Frühling. Wer weder das eine noch das andere gerade zur Hand hat, der freut sich an dem intensiven Smaragdgrün, das der vom Schmelzwasser gespeiste See so an den Tag legt. Und natürlich an dem schönen Panorama inklusive dem Hochschwab. Die Wanderung zum See darf wahrscheinlich nicht mal als eine solche bezeichnet werden. Es ist wohl eher ein Spaziergang. Verpflegung gibt's auch. Was für ein Fotografie-Wunderland!

TROTZ
GREISSLEREI
ungestörte
Baustelle!!
alles wird
wieder gut!

GASTHOF HOLZER

Neuberg an der Mürz

Wer gut und gerne isst und sich dabei am liebsten in eine sympathisch gestaltete und gelebte Umgebung begibt, der hat bei den Holzers den Jackpot erwischt. Hubert und Siegrun wissen genau was sie wollen und was sie nicht wollen: Sie wollen – wenn möglich – Bio-Produkte verarbeiten. Garten- sowie Wildkräuter aus der Naturparkregion »Mürzer Oberland« sind ein zentrales Element in ihrer Küche. Sie wollen nicht mit Lebensmitteln arbeiten, die eine lange Reise hinter sich haben, denn »regional« und »saisonal« sind selbstverständliche Adjektive im Leben der Holzers.

Besucher hingegen, die schon ein Stückerl nach Neuberg zurücklegen mussten, quartieren sich am besten in einem der sieben Gästezimmer ein und lassen sich in der Früh vom Holzer-Frühstück verzaubern. Das ist übrigens ein heißer Tipp. Mehrmals wurden wir von Einheimischen auf dieses von Siegrun veranstaltete Vormittags-Highlight hingewiesen. Es ist übrigens nicht nur den Übernachtungsgästen vorbehalten, daran teilzunehmen: Jeder kann mitmachen, anmelden sollte man sich halt vorher.

Und sonst? Huberts Schwester Traude führt gleich neben dem Neuberger Münster eine Greißlerei, in der sich die Shopping Queens und Shopping Kings nach regionalen Besonderheiten umsehen sollten. Auch legt Hubert den Erlebnisweg Roßlochklamm, im Winter die Sohlenalm und im Sommer den Herrenboden nah. Und er empfiehlt auch, sich mal ins Neuberger Münster zurückzuziehen. Wir bestätigen: Das Neuberger Münster ist eine Oase der Stille – das muss man einmal erlebt haben.

Hauptstraße 9
8692 Neuberg an der Mürz
03857 8332
www.hubertholzer.com

WIA Z'HAUS PIERERGUT

Aflenz Kurort

Schon allein die Anfahrt lohnt, denn man kommt dabei durch Aflenz Kurort: Seit 1979 »Heilklimatischer Luftkurort« und eine Gemeinde mit vielen netten Ecken. Unser Navigationsgerät Herta wollte zum Beispiel partout nicht mehr aus diesem Ort raus. Raffiniert hat sie uns im Kreis herumgeführt und uns somit mit Aflenz Kurort bekannt gemacht.

Weiter oben – in der Lage mit der guten Aussicht – thront das Pierergut von Hannes und Christina Srb als Flaggschiff österreichischer Qualitätsküche. Von der Kaspressknödelsuppe angefangen übers Steirer-Gordon hin zum Strudel oder Kaiserschmarrn bleiben keine Wünsche offen – auch die der Vegetarier und Veganer nicht. Gegen Vorbestellung gibt es auch Backhendl, was ja bekanntlich jedes Steirerherz höher schlagen lässt. Und für alle, die einen kleinen Hunger loswerden wollen, gibt es eine schöne Jausenkarte. Zum Abschluss sagen es die beiden Wirtsleut' selbst am treffendsten: »Das beste Mahl ist geschmacklos, wenn der Wirt seinen Gästen nicht zeigt, dass sie willkommen sind.« Und willkommen fühlt man sich beim Pierergut allemal. Vor allem der Gastgarten lädt (ziemlich) zum Verweilen ein.

Aflenz Kurort 63
8623 Aflenz Kurort
03861 32164
www.pierergut.at

RESTAURANT KRAINER

Langenwang

Wir waren beim Krainer um Kaffee zu trinken. Das lohnt sich insofern, als dass beim Krainer was los ist und weil Café und Orangerie mit Mehlspeisen aus der hauseigenen Konditorei auf echte Kaffeetrinker und Kuchenesser ausgelegt sind. Zum anderen bietet man dort mit »Essen im Café« die Möglichkeit, sich zwischen einer reichen Auswahl an guten Gerichten zu entscheiden – vom Mittagsmenü angefangen bis hin zu Steaktoast, Spaghetti, Salaten und Suppen.

Viele kommen zum Familienbetrieb Krainer, um das Restaurant aufzusuchen. Hier werden nämlich heimische Produkte auf hohem Niveau zu g'schmackigen und ausgezeichneten Speisen verarbeitet. Fisch, Fleisch, Käse und Kartoffeln werden von Produzenten geliefert, die in der Steiermark beheimatet sind. »Regional« ist also auch bei Familie Krainer eine wichtige Eigenschaft eines Lebensmittels.

Andere gehen zum Krainer, um dort zu nächtigen. 30 frisch gemachte Betten stehen zur Verfügung, eine Saunalandschaft ist auch mit von der Partie. Tochter bzw. Schwester Helene Krainer und andere Gastlehrerinnen bieten immer wieder »Yoga-Retreats« und Yogalehrerausbildungen an. Auch ein guter Grund, um nach Langenwang zu kommen…

Grazer Straße 12
8665 Langenwang
03854 2022
www.hotel-krainer.com
Helene Krainer: www.alpine-yoga.at

Geöffnet

Kindberg grüßt

Auf in die Sommerfrische!

WIE IN EINEM BIENENSTOCK FUNKTIONIERT DAS LEBEN IM MORGENDLICHEN KINDBERG MIT SEINEM LANG GESTRECKTEN UND VON CAFÉS UND KONDITOREIEN GESÄUMTEN HAUPTPLATZ. MAN MÖCHTE MEINEN, DIE KINDBERGER TUN SOWIESO NICHTS ANDERES ALS KUCHEN ESSEN.

Die Frauen haben ihre Körbe zusammengepackt und schwingen sie. Immer voller werden die geflochtenen Gesellen mit Gemüse und Obst. Dirndlkleider sieht man eigentlich weit und breit keine. Aber es haben sich auch so alle für den Samstag Vormittag schick gemacht. Und Nomen ist hier Omen, denn auf Kinder trifft man hier ständig. Das scheint ein fruchtbares Tal zu sein. Oder vielleicht googeln die Menschen einfach, wo sie am besten mit Kindern hinziehen sollen? Auch das Wappen ist mit einer Sage rund um ein Kind verbunden: Angeblich wurde es vom Hochwasser mitgespült, allerdings in Kindberg unversehrt in einer Wiese spielend wieder aufgefunden. Interesting!

Beim »Pesl« zwischen Palmen sitzend wählt man aus einer schier endlosen Karte an Frühstücksvariationen, die man wahrscheinlich alle am liebsten gleich vom Fleck weg heiraten würde. »American Breakfast«? Wiener Frühstück? Oder doch das Steirerfrühstück, das Produkte einiger einschlägiger Produzenten beinhaltet, die auch in diesem Buch Raum bekommen: Mangalitzaschwein-Würstel, Weichkäse mit Kräutern und dazu einen herrlichen Apfel-Birnensaft? Hat man sich erst entschieden (Ja, es war natürlich das Steirerfrühstück!), kann man sich getrost in den überaus bequemen Sesseln zurücklehnen und die Straßengeräusche verschwinden wie von selbst. Und dann wird einem plötzlich wohlig-warm im Bauch. Nicht nur, weil der Verlängerte dort ankommt, sondern auch, weil man sich wirklich gut fühlt. Das wird wohl der Grund für die Begeisterung der Sommerfrischler gewesen sein, die im 19. Jahrhundert herbeigeströmt sind.

Bäckerei Café Pesl
Hauptstraße 41
8650 Kindberg
03865 2247
www.pesl.at

TIPP:

Gut essen:

- Johanns in Bruck an der Mur
- Hubinger in Etmißl
- Bestes Backhendl:

Ochensberger in Kindberg

Guter Honig:

Imkerei Neber in
St. Lorenzen im Mürztal

Mostothek Weissenbacher

Wieden 2
8643 Allerheiligen
03864 2472
www.streuobsthof.at

Shopping Queen

MOST WANTED!

Ein alter Hof in Allerheiligen birgt Möglichkeiten Ende nie. Ob sie Stefan Weissenbacher schon alle ausgeschöpft hat? Zumindest hat der Mostmensch einiges in Planung, das Allerheiligen zum Rundum-Erlebnis machen wird.

Was kann man denn bis dato hier in der Mostothek alles machen?

Wir haben einen Verkostungsraum, eine Moststub'n mit kalter Jause, zwei Ferienwohnungen à la Urlaub am Bauernhof und eine Landwirtschaft mit Mutterkuhhaltung und Rinderschinken machen wir auch.

Und da geht noch was?

Ja, auf alle Fälle! Meine Frau hat die Kaffeerösterausbildung gemacht. Da liegt es nahe, dass es in Zukunft auch guten Kaffee bei uns geben wird. Außerdem heißt das Zauberwort »Mosteria«. Das wird dann weit über eine Mostschenke hinausgehen.

Da sind wir aber gespannt! Was ist denn eigentlich so toll an Most?

Dass er noch immer ein bisschen ein Geheimtipp ist. Wenn ein typischer Weintrinker zum ersten Mal einen Most probiert, der nach der Champagner-Methode hergestellt wurde, dann zieht das einen gehörigen »Aha-Effekt« nach sich. Wir haben im Jahr 1993 einen Ausflug ins Mostviertel gemacht, der für unser weiteres Leben wirklich sehr einschneidend war. Dort ist ja alles schon sehr industrialisiert. In der Steiermark gibt es mittlerweile schon die Caldera-Gruppe beziehungsweise den Steirermost. Aber wir sind in der Obersteiermark alleine auf weiter Flur. Ein gutes Einsteigergetränk ist zum Beispiel auch der Cider – den trinken sogar Leute, die noch nie mit Most in Berührung gekommen sind.

Und bei euch ist alles »bio«?

Ja und nein. Wir waren einer der ersten biozertifizierten Betriebe hier in der Region. Allerdings verliert man die Freude am Schaffen, wenn man jede Kleinigkeit zertifizieren lassen muss. Wenn ich Heidelbeeren sehe, die einfach am Wegesrand stehen und ich sie in meine Produktlinie einfließen lassen will, dann sollte ich sie zuerst zertifizieren lassen. Doch bei den geringen Stückzahlen zahlt sich der ganze Papierkram gar nicht aus. Um ehrlich zu sein, interessiert mich »bio« nicht mehr. Ich werde zwar weiterhin nach den Richtlinien arbeiten, aber die Zeit, die ich in die Zertifizierung gesteckt habe, anderweitig investieren. »Bio« entwickelt sich immer mehr in etwas, das sich nur für große Betriebe auszahlt.

Waldschulhaus

Unterwegs im Peter Rosegger-Land

ROSEGGER SCHRIEB: »DER RECHTE, ECHTE, FESTE UND TREUE MENSCH MUSS IRGENDWO WURZELN, NICHT ANDERS WIE EIN BAUM«. WIR HABEN UNS DORT UMGESEHEN, WO ER SELBST GEWURZELT HAT, DER WALDBAUERNBUB.

Er war ein Weltstar am Schriftel-Himmel und für den Literatur-Nobelpreis nominiert. Seine Bücher wurden zig Millionen Mal aufgelegt und in viele, viele Sprachen übersetzt. Kein Wunder, dass auch heute noch das Wörtchen »Rosegger« bei vielen ein Glöckchen läuten lässt und die Waldheimat von einem Namen aus seiner Dichtung zu einem geographischen Begriff avancierte.

Wenn man auf Peter Roseggers Spuren wandeln möchte, dann muss man zum Alpl. Da kann man bei der Waldschule parken und zum Geburtshaus alias Kluppeneggerhof marschieren. Danach schaut man in der Waldschule selbst vorbei. Der Besuch beider Häuser lohnt sich wirklich, um in alte Zeiten einzutauchen. Wenn einen das Peter Rosegger-Fieber nun gepackt hat, dann sollte man auch Krieglach einen Besuch abstatten, denn dort gilt es das einstige Wohnhaus des Literaten zu besichtigen.

Natürlich gibt es auch in der Waldheimat verschiedenste Möglichkeiten zum Wandern. Interessant auch der – in Anlehnung an Roseggers Texte getaufte – »Christtagsfreudenweg«! Und wer es jetzt so richtig wörtlich nimmt mit dem Wandeln auf des Schriftstellers Pfaden, für die oder den gibt es den Themenwanderweg »Auf den Spuren Peter Roseggers« von der Schanz bis nach Stuhleck.

TIPPS:

Kulinarisch:

- Der Schlagobersbauer und der Liftgasthof Willenshofer
- Der Kathreiner Ziegenkäse von Familie Grabenhofer

Action Hero:

- Die Wanderung vom Alpl übers Hauereck auf die Pretul. Als Ausgangspunkt könnte man hier zum Beispiel den Schlagobersbauern wählen.

Gasthof Oberer Gesslbauer

Stanz Nr. 37
8653 Stanz im Mürztal
03865 8216

www.oberergesslbauer.com
www.sonnenweg.at

IN DEN STREUOBST-WIESEN VON STANZ

Die Hauptdarsteller in dieser Geschichte sind zwei Action-Männer: Peter Rossegger und Gernot Grünbichler. Sie haben uns in ihrer Heimat Stanz im Mürztal empfangen und zu einem kleinen Wander- und Traktor-Abenteuer mitgenommen.

Peter Rossegger (nicht zu verwechseln mit Peter Rosegger, dem Schriftsteller) ist maßgeblich daran beteiligt, dass es heute den sogenannten »Stanzer Sonnenweg« gibt. Es handelt sich dabei um einen leichten Wanderweg, der für ungefähr dreieinhalb Stunden durch die Mürztaler Streuobstregion führt und an verschiedenen Stationen zum Verweilen einlädt. Nein, nicht um schon wieder was zu essen, sondern um etwas zu lernen und zu erleben. Essen gibt's später!

Ein besonderes Highlight am Sonnenweg ist, man muss gar nicht zu Fuß gehen, wenn man nicht will. Da kommt jetzt nämlich Gernot Grünbichler ins Spiel. Der holt einen in diesem Fall mit seinem alten 18er Steyr-Traktor ab und tuckert mit einem und einer Engelsgeduld durch die Gegend. Wer gerne mag, darf auch das Steuer übernehmen.

Wenn man da im Traktortempo entlang des Sonnenwegs unterwegs ist, hat man Zeit zum Nachdenken und vor allem zum Schauen. Und Gernot hat da vom Traktorsitz aus gleich einen Steinpilz erspäht, den er später extra für uns geholt hat und frisch gebacken lag er dann vor uns auf einem weiß herausgeputzten Teller. Es ist nämlich so: Der Gernot betreibt das traditionsreiche Wirtshaus »Oberer Gesslbauer« und ist für seine Wildgerichte weithin bekannt. Wir verstehen übrigens, dass die Familie Grünbichler schon seit 1703 in der Wirtsstube tätig ist. Das Essen war nämlich ein Gedicht.

Stanz selbst ist ein beschaulicher Ort mit Naturbadeteich und – so nahe bei den Fischbacher Alpen gelegen – ein Paradies für Wanderfreunde. Actionheroes fühlen sich wohl hier und man kann sich ruhig überlegen, gleich mal ein paar Tage zu bleiben. Peter und Gernot mögen zum Beispiel den Teufelstein in den Fischbacher Alpen (1.498 m) oder die Wanderung vom Alpl zur Stanglalm. Die Wanderung zur Hofbaueralm und von dort weiter zum Hochschlag (1.580 m) macht man dann an Tag 4, denn der Sonnenweg kommt dazwischen dran.

Das muss im Rucksack und in der Birne drin sein!

WANDERN IST WAS FEINES. ABER EIN PAAR DINGE SOLLTE MAN SCHON BEACHTEN, DENN EIN GEWITTER AM GIPFEL ODER SCHLECHTE SCHUHE KÖNNEN DAS GANZE AUCH IN DIE HOSE GEHEN LASSEN.

Die Schuhe

Man braucht nicht das neueste Bergsteigermodell, aber knöchelhoch und halbwegs wasserfest ist in vielen Fällen doch ratsam. Und ungetragen ist sowieso ein Alpen-Fauxpas, denn die nächste schmerzhafte Blase ist dann nicht weit.

Die Sonne

In diesem Sommer war Sonnenschutz nicht das große Thema. In einem »normalen« (was ist schon normal) steirischen Sommer – wandern Sonnencreme, Sonnenbrille und Kappe immer mit.

Karte oder Wegbeschreibung

Dank des Alpenvereins und vieler kundiger Bergleute ist die Markierung der Wanderwege in vielen Fällen anfängerfreundlich. Trotzdem: Vorher einen Überblick verschaffen, die Wegnummerierung notieren oder – besser noch – merken, denn Umherirren in den Bergen ist kein Spaß.

Hallo, erstmal.

Beim Wandern ist man automatisch per »Du«. Entgegenkommende Wandergenossen freuen sich in der Steiermark über ein »Griaß di« oder »Griaß eich«.

Proviant

Der Steirer und die Steirerin gehen es gern zünftig an. Das heißt, Jausenspeck, Käse und Brot dürfen auf keinen Fall fehlen. Ausreichend Wasser und Schnaps zum Runterspülen sind selbstverständlich, Obst und Müsliriegel willkommene Zwischendurch-Snacks.

Kleidung

Aus dem Auto ausgestiegen: Kalt. Die ersten Höhenmeter bezwungen: Warm. Am Gipfel angekommen: Kalt. Was sagt uns das? Zwiebel-Look macht Sinn und Freude. Ein Wechsel-Shirt nach dem harten Aufstieg findet auch immer großen Anklang.

Das Wetter

Kann man nicht beeinflussen. Aber man kann sich anschauen, was der Wetterfrosch zu sagen hat, denn Gewitter, Nebel, Schneefall gilt es zu vermeiden. Kleiner Tipp am Rande: Zu Bergwanderungen bricht man recht früh auf, denn das Gewitterrisiko steigt ab Mittag.

Action Hero

WANDER- & BERGSTEIG-ELDORADO STEIERMARK

»Hoch vom Dachstein an…« bis zur Rax im Nordosten – es gipfelt hier gleich so in einer schönen Auswahl an Wanderrouten.

Loser (1.837 Meter)

DIE Wanderung im Ausseerland. Man kann aufs Gipfelplateau wandern oder man kann den Panorama-Klettersteig »Sisi« beschreiten. Man kann sich die neueste Sportmode anschnallen oder in Dirndl oder Lederhose gehen. Man kann sich oben aufs Jausnen konzentrieren oder den Fernblick genießen. Man kann einfach mal hinaufgehen auf den Altausseer Hausberg oder etwas Großartiges versäumen.

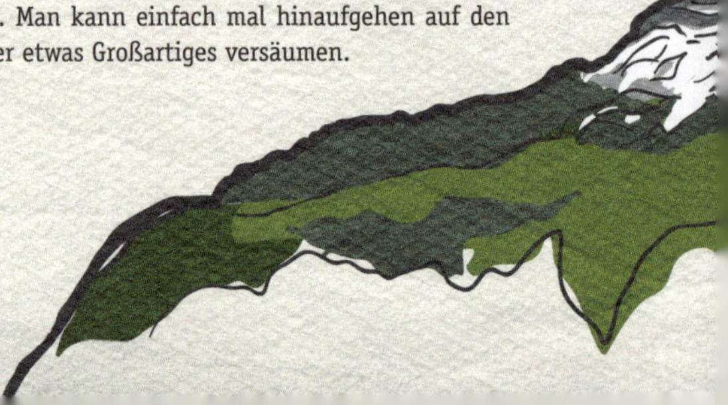

Hochtor (2.369 Meter)

Man bewegt sich hier im Nationalpark Gesäuse (steir. »Gseis«), einer echten Alpenregion. Denn die Berge sind hier das A und O, die Schlagworte könnten sein »Alles Outdoor«. Canyoning, Rafting, Klettern, Hochseilgarten, Radfahren, Wander- und Themenwege aller Schwierigkeitsstufen… Naturfreundherz, was willst du mehr? Der Hochtor-Gipfel selbst ist eine schwere Tour, daher wird empfohlen, Klettergewandtheit mitzubringen und einen waschechten Bergführer zu beauftragen, mit einem auf den höchsten Berg im »Gseis« zu steigen. Wem das die Gänsehaut auf den Rücken jagt, der wähle einfach eine andere der vielen möglichen Wanderungen der Region. www.gesaeuse.at

Hochschwab (2.277 Meter)

Das Hochschwab-Massiv wird von unzähligen Gämsen bewohnt und von Wanderern und Bergsteigern gern besucht. Ein weitgespanntes Wegenetz und liebliche Almen faszinieren Besucher wie Einheimische. Auf den höchsten Punkt kommt man unter anderem bei der sogenannten »Hochschwab-Überquerung«, bei der man sich mit dem Bergmassiv gut bekanntmachen kann. An den drei Wandertagen schafft man viele, viele Höhenmeter und übernachtet im Schiestlhaus, sowie in der Sonnscheinhütte. Tag drei spuckt einen dann beim Leopoldsteinersee nahe Eisenerz wieder aus.

Heukuppe, Rax (2.007 Meter)

Die Rax ist an der Grenze zwischen Niederösterreich und der Steiermark gelegen, daher kann man den Gipfel «Heukuppe« von zwei Bundesländern aus angehen. Wir nehmen natürlich die steirische Variante, »eh kloar«. In den Rucksack muss – je nach Können und Erfahrung - auch Mumm und ein Helm für die als B eingestuften Kletterpassagen des »Reißtalersteigs« mit der berühmt berüchtigten Eisenleiter. Start ist beim Almgasthof Moassa. Dort am besten nach dem Weg fragen bzw. im Vorhinein gut informieren.

Eisenerzer Reichenstein (2.165 Meter)

Bei dieser alpinen Wanderung ist das Motto wohl »Auffi auf den Berg, aber rasch!«, denn eine Almwanderung darf man sich nicht erwarten. Es geht vom Parkplatz »Präbichlerhof« konstant bergauf und man kann zwischendurch an einer Weggabelung selbst entscheiden, ob man es heute gemütlicher oder etwas herausfordernder angeht, denn es gibt den »Normalweg« oder einen, der über eine Leiter nach oben führt. Oben angekommen, hüpft das Herz vor lauter Weitblick und ob der guten Küche in der Reichensteinhütte.

Rezept

Ziegenkasknödel mit Wildspinat

von Hubert Holzer in Neuberg

Ziegenkasknödel

600 g Ziegenfrischkäse, 80g Butter, 2 Eier, 3 Dotter, 150 g weiße Semmelbrösel (ersatzweise 250 g klein geschnittenes, entrindetes Weißbrot), 80 g Mehl, Thymian, Oregano, Petersilie, Salz, Pfeffer

Wildspinat

500 g Wildspinat nach Saison (z.B. Brennnessel, Bärlauch, Giersch oder junge Borretschblätter), 80 g Butter, 1 Zwiebel, Salz, Muskat, Gemüsefond, nach Wunsch auch Knoblauch oder Bärlauch.

Zimmertemperierte Butter schaumig rühren, nach und nach die Eier und Dotter dazugeben. Dann den passierten Ziegenfrischkäse, die Brösel und das Mehl einrühren. Zum Schluss die Gewürze untermischen. Aus der Masse Knödel formen und 12 Minuten in Wasser kochen.

Den Wildspinat gut waschen und ca. 1 Minute blanchieren. Spinat in kaltem Wasser abschrecken, damit er die Farbe behält. Dann ausdrücken und grob hacken. Gehackte Zwiebel in Butter glasig anschwitzen, den gehackten Spinat kurz mitrösten, mit Gemüsefond aufgießen und einige Minuten dünsten, bis er weich ist. Zum Schluss mit Salz und Muskat (und wenn gewünscht Knoblauch) würzen. Spinat und Knödel anrichten und die Knödel mit brauner Butter übergießen. Mit Wildkräutern dekorieren und mit geriebenem Ziegenhartkäse oder Parmesan bestreuen.

Tipp:

Wenn man möchte, Bärlauch oder Knoblauch beim Spinat als Gewürz verwenden. Blanchierter Bärlauch hat einen wesentlich milderen Geschmack als frisch gehackter Bärlauch oder Knoblauch.

Zum Kalvarienberg
Schenkfeld
Zum Rabenstein

TABAK TRAFIK

GRÖSSENMÄSSIG KÖNNTE
NEUBERG IN EINEM
PARALLELUNIVERSUM
EIN EIGENER STAAT
SEIN, IST ES DOCH
GLEICH GROSS WIE
SAN MARINO.
Glasmanufaktur
Stift Neuberg
Kaiserhoftrakt
8692 Neuberg a.d.Mürz
www.kaiserhof-glas.at

Ein Dorf aus Stein und Glas

SAG NIEMALS NEUBURGER, SAG IMMER NEUBERG. UND VOR ALLEM: FAHR DORTHIN. KAUM EIN ORT IN DER STEIERMARK HÄLT SO VIELE ÜBERRASCHUNGEN PARAT, WIE DIESER. VOR ALLEM, WEIL MAN SOETWAS GIGANTISCHES AN DIESER STELLE IM MÜRZER OBERLAND ÜBERHAUPT NICHT MEHR ERWARTET.

Da fährt man frisch und fröhlich durch die Hochsteiermark in ein Tal und auf einmal taucht ein riesengroßes Münster vor einem auf. Mittelalterlich, still und wunderschön. Auch eine Rosette darf nicht fehlen. Mit dem Leberkäse, der ja eigentlich überhaupt keiner ist, hat Neuberg nichts zu tun. Das erkennt man vor allem am Buchstaben »e«, der sich statt dem »u« in die Namensbezeichnung eingeschlichen hat. Genug der Faxen. Oder doch nicht: Größenmäßig könnte Neuberg in einem Paralleluniversum ein eigener Staat sein, ist es doch gleich groß wie San Marino. Sehenswürdigkeiten hätte es ja mal genug. Auch ein Jagdschloss von Kaiser Franz Joseph steht um die Ecke in Mürzsteg. Heute darf hier der Bundespräsident »Sommerfrischln« gehen.

Glas, Glas, nur du allein

Seit ein paar Jahren haben sich im schönen Stift wieder Glasbläser angesiedelt, die den ganzen Park mit wunderschönen Kunstwerken schmücken. Hier kann man auf Voranmeldung auch beim Blasen über die Schulter schauen und natürlich Kunst kaufen und Neuberg dadurch mit nach Hause nehmen. Wer nach dem Shoppen einen schönen Blick über das Münster haben möchte, sollte den Schildern Richtung Kalvarienberg folgen. Ein kurzer Spaziergang bringt schöne Aussichten. Weitere Shopping-Allüren kann man in der Greißlerei ausleben. Zum Essen ist es wunderbar bei Hubert Holzer (extraklasse!).

Wirtshaus Steirereck

Pogusch 21
8625 Turnau
03863 2000
www.steirereck-pogusch.at

Action Hero meets Food Lover

AM POGUSCH

Das »Steirereck« kennen viele – zumindest vom Hörensagen. Wenn man selbst noch nicht dort war, dann sollte man schleunigst hin. Und den Bründlweg nicht auslassen!

Los geht es beim Parkplatz des besagten Wirtshauses Steirereck und schon am Startpunkt des Bründlwegs heißt es »Außi aus den Stiefeln«, denn es gilt die »itchy feet« auf den längsten Barfußwanderweg Österreichs loszulassen. Man watet durch den Barfußteich, testet in der Fühlstrecke der Zehen Kompetenzen und hupft in Gatsch' in der Schlammstraße.

Zum Einkehren gibt es theoretisch insgesamt acht Stationen. Wer alle schafft, ist »oarg«. Der Himmelreichbauer lockt mit der berühmten Eierlikörschnitte, der Herrbauer hat unter anderem »an guaten« Most, der Hochegger, die Stieglitzhütte und der Schäffer-Huber laden zum Jausnen ein, beim Friedmanner gibt es »a Kernöl-Eierspeis« und der Rührerhof serviert Bauernkrapfen mit Bergkaffee. Tja, also hungrig oder durstig geht man nicht heim – ob barfuß oder eben nicht.

Nach dreieinhalb Stunden ist der Bründlweg geschafft und man hat hoffentlich die Stretchhose angezogen und Platz gelassen im Bauch, denn es geht gleich schnurstracks über die Straße rüber zum »Steirereck« der Familie Reitbauer. Denn: Pogusch ohne Steirereck? Ein Fehler! Allein wegen des Wurzelspecks. Den bekommt man bei Familie Reitbauer nämlich als Gedeck und der ist unvergesslich gut! Am Sonntag ab 20 Uhr gibt es das »Restl-Essen«: Da nicht zu spät kommen, sonst gibt es fix keinen Platz mehr.

C. SCHEMBER &
SÖHNE WIEN.

Das „Körberl"
für Ihren
Einkauf!

Leb-
kuchen
EIS

Shopping Queen

MARIAZELL IT IS

Für viele fälschlicherweise ein Ort, der ausschließlich mit Glauben und Christentum zu tun hat. Aber die Wallfahrtskirche allein ist es nicht...

Der Wallfahrtsort

Am Steirischen Mariazellerweg 06 pilgert man von Eibiswald im Südwesten über Deutschlandsberg, Graz, Passail und die Fischbacher Alpen zur Basilika in Mariazell und sollte sich neun bis zehn Tage dafür Zeit nehmen. Wer sich partout nicht als Wallfahrer bezeichnen will, der schaut sich auf diesem Weg einfach die Steiermark gut an oder bekommt in diesen Tagen den Kopf frei vom Gewusel des Alltags. Wallfahrer hingegen machen sich zu diesem Fußmarsch auf, um zum Beispiel für etwas zu danken, um für etwas zu bitten oder auch um Buße zu tun.

Die einheimischen Geschäfte

Jetzt ganz weg vom Thema Pilgern, kann man in Mariazell auch die Einkaufstasche auspacken und bei folgenden Mariazeller Traditionshäusern hineinschauen: Die Lebzelterei Pirker ist eine Institution und da muss es nicht Weihnachten sein, damit der Honiglebkuchen des Familienbetriebs schmeckt. Süchtiggewordene bekommen übrigens online oder in Wien am Stephansplatz Nachschub.

Beim Traditionsunternehmen Arzberger findet man wohltuende Kräuterliköre, die dem Magen – seit Generationen – nach üppigem Schmausen und bei Pups-Bauch helfend zur Seite stehen. Die Apotheke und Drogerie »Zur Gnadenmutter« braut seit 200 Jahren ihren eigenen Tropfen für derartige Beschwerden und ist für die Eigenprodukte auf Basis europäischer Heilpflanzen bekannt.

Im »Questers Feine Fische Shop« in der Grazer Straße gibt es Bio-Fisch aus dem Mariazeller Land. Gut ist, man bekommt Nachschub bei vielen Merkurs und Spar Gourmets dieses Landes.

Die Umgebung

Der Hausberg von Mariazell ist die 1.270 Meter hohe Bürgeralpe. Aufgrund der Popularität Mariazells tut sich sinngemäß auch am Hausberg recht viel. Bergfreunde locken vielleicht die 1.981 Meter der Hohen Veitsch oder die 1.699 Meter hohe Tonion.

Erzverbunden und Rostfest

HEUTE KENNT JEDER KLEINE, STEIRISCHE VOLKSSCHÜLER DEN ERZBERG UND WAR AUCH SCHON DORT, DENN EINMAL GEHT ES WÄHREND DER GRUNDSCHULZEIT GANZ GEWISS ZUM SCHAUBERGWERK UND ZUM »HAULY«-FAHREN.

Erzberg

Hauly ist ein riesiges, 860 Pferde starkes LKW-Dingsi, auf dem man als Besucher Platz nehmen und sich das Geschehen am Erzberg von weiter oben anschauen kann. Eine Fahrt mit der »Katl« ist natürlich auch obligatorisch, also eine Exkursion mit einem ehemaligen Mannschaftszug in den Berg hinein. Beim sogenannten »Abenteuer Erzberg« ist man für eineinhalb Stunden untertage unterwegs und bei einer original nachgestellten Sprengung dabei.

Gute Gründe

Eisenerz-Besucher kommen aber auch aus folgenden Gründen: Erstens - der Leopoldsteiner See wurde 2013 zur »schönsten Wasserperle der Steiermark« gekürt. Zweitens - das »Rostfest« bringt einmal im Jahr Musikgruppen, Workshops und Diskurs in die schrumpfende Stadtgemeinde, um sich Themen wie Abwanderung zu stellen, neue Ideen für die Zukunft zu entwickeln und um für einige Tage Neues in der Region zu ermöglichen.

Noch zwei mehr

Drittens - die 644 Meter lange Frauenmauerhöhle. Diese ist wie ein natürlicher Tunnel und kann zu Fuß durchquert werden. Da sich aber rundherum ein weitverzweigtes Höhlensystem befindet, wird dies nur im Rahmen einer Führung empfohlen. Viertens – neben anderen schönen Übernachtungsmöglichkeiten in Eisenerz gibt es das »JUFA Almerlebnisdorf« mit Sauna und Kletterwand. Denn die vielen Wanderungen im Sommer und Loipenkilometer im Winter schafft man auf keinen Fall an einem Tag.

Gasthof
37
Gösser Bier

Touristen
FAM. SCHRITTWIESER

WHAT THE F*** IS

Eat Write Live

Easy! Die besten Reisen hat man, wenn man einen Freund besucht, der einem die Geheimtipps und Ort zeigt, auf die die „Locals" schwören. Die Bücher aus dem kleinen Eigenverlag aus Graz erfüllen genau das. Sie stellen dem Reisenden Menschen vor, haben die schönsten Plätze vorselektiert und erzählen spannende Geschichte, die helfen, Land und Leute besser zu verstehen. Das alles mit einem Touch Nachhaltigkeit. Mithilfe von gezeichneten Karten, persönlichen Fotos und aufregendem Design nimmt man die Bücher der kleinen aber feinen Reihe immer wieder gerne in die Hand, um zu schmökern oder sich Inspiration für den nächsten Urlaub zu holen.

EAT WRITE LIVE · READ MORE BOOKS ·

Eat Surf Live

In „Eat Surf Live" zeigt sich Cornwall von seiner Schokoladenseite. Nicht nur, dass die zwei Autorinnen durch das Food-Mekka fressen, sie lernen – gemeinsam mit dem Leser – auch viele besondere Kornen kennen. Ein ungewöhliches Reisebuch, das gleichzeitig auch Foto- und Kochbuch ist. Es strotzt nur so vor Tipps für einen gelungenen Cornwall-Urlaub und vermittelt ein Gefühl für die Kultur und die Menschen dieses magischen Fleckchens Erde.

Eat Bike Live

Sylt! Nicht nur was für Reiche und Schöne! Auch etwas für Freunde des guten Essens, der gemütlichen Radlfahrt oder des ausgedehnten Strandspaziergangs. Es wird genau hingeschaut auf die besonderen Ecken und Menschen auf der Nordseeinsel und diese Eindrücke nicht nur niedergeschrieben, sondern auch mit viel Fotomaterial, selbst gezeichneten Karten und vielen Details zum Entdecken verfeinert.

Jahn Futtermittel

BUCH- UND RECHERCHETIPPS

Slow Food Styria Guide 2014
Manfred Flieser. Autor und Verlag

Steirisches Weinland, Ost-Steiermark, Grazer Hausberge, Hochschwab, Ötscher-Mariazell, Gesäuse, Eisenwurzen, Dachstein-Tauern Ost, Tauern-Höhenweg, Niedere Tauern Ost.
Diverse Autoren. Bergverlag Rother.

Krumme Touren 4: Ausflüge zu den Nachbarn Österreich und Böhmen. Renate Just. Antje Kunstmann Verlag.

Grazer Bergland– Kletterführer. Gerhard Grabner, Kurt Schall und Max Ostermayer. Schall-Verlag.

Griaß eich in der Steiermark: 66 Lieblingsplätze und 11 Erlebnisstraßen. Claudia Rossbacher und Hannes Rossbacher. Gmeiner.

Der Knochenmann. Wolf Haas. rororo.

Aus dem Leben Hödlmosers: Ein steirischer Roman mit Regie. Reinhard P. Gruber. dtv.

Mein Zirbenland. Der praktische Reiseführer. Katharina M. Zimmermann. Zirbenland Steiermark.

INTERNET

www.steiermark.com
www.gutfinden.at
www.jufa.eu
www.fromaustria.com
www.servusmagazin.at
www.bergwelten.com
www.grazsecrets.at

Eat Hike Live

DAS STEIERMARK REISEBUCH

2. Auflage März 2016

DRUCK:

Zimmermann-Druck KG, Gartengasse 21, 8200 Gleisdorf

AUTORINNEN:

Vera Bachernegg und Katharina M. Zimmermann

HERAUSGEBER:

Eat Write Live OG, Wastiangasse 16, 8010 Graz

ART DIRECTION & GESTALTUNG:

Simon Lemmerer www.simonlemmerer.com
Logo Design: Verena Michelitsch www.verenamichelitsch.com

ILLUSTRATIONEN:

Simon Lemmerer, Katharina M. Zimmermann

FOTOS:

Katharina M. Zimmermann www.kommunikatzion.com
Autorinnenporträt: Marion Luttenberger www.marionluttenberger.com

Gedruckt & gebunden in Österreich 2016

ISBN: 978-3-9503585-0-6

WWW.EATWRITELIVE.COM
WWW.FACEBOOK.COM/EATWRITELIVE

Selbst im Sommer war's ganz schön »huschi« da oben beim Dachstein Skywalk. Naja, man ist ja auch nicht alle Tage auf 2.700 Metern Seehöhe.

Außi mitm Hals! Ein kleiner Adrenalin-Moment beim Straußen-Füttern.

Wenn wir gewusst hätten, mit wem wir Stanz zu tun haben werden...da hätten w uns auch das Dirndl raufgeschnallt!

Gut zuhören, damit auf der Planneralm wohl kein Pfeil daneben geht!

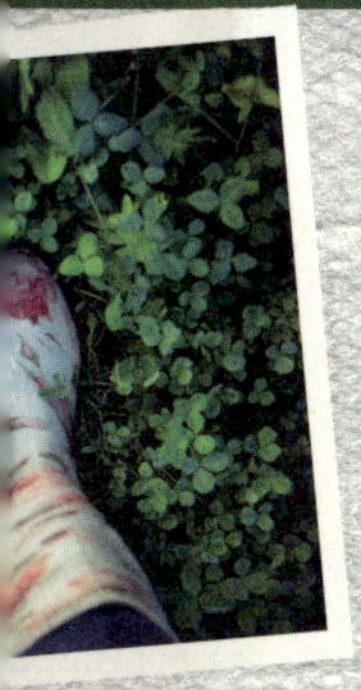

nmistiefel sind immer gute Begleiter,
in Cornwall oder in der Steiermark.

Kleine Katze mit großer Katze.

Einer der vielen Momente für den hochprofessionellen Selbstauslöser. Hier war er wieder aktiv bei Peter Roseggers Waldschule.

Katharina macht mal Pause!

Entweder was Rotes angehabt oder zu faul zum Aussteigen. Man weiß es nicht mehr.

VERA BACHERNEGG

Vera liebt die guten und schönen Sachen. Kochen, Lesen, Yoga, die Berge und vieles mehr. Das Anglistik- und BWL-Studium in Graz und auf Teneriffa sowie zahlreiche Reisen an alle Ecken und Enden dieser Welt haben sie fürs Abenteuer »Eat Write Live« prädestiniert. Im Job jongliert sie mehr mit Zahlen, bei »Eat Write Live« gehen ihr trotzdem die Buchideen nicht aus.

www.eatwritelive.com

KATHARINA MARIA ZIMMERMANN

Katharina ist die Meisterin der flotten Sprüche und schleppt für ihre geschmackvollen Bilder ohne Murren ihre kiloschwere Fotoausrüstung in der Gegend herum. Sie lebt als Journalistin und Texterin in Graz und reist – wann immer es Geldbörserl und Terminkalender zulassen – durch die große, weite Welt. Eine ehrgeizige Dame voller Ideen, Tatendrang und Wortwitz.

www.kommunikatzion.com